Q 왜 공부력을 키워야 할까요?

쓰기력

정확한 의사소통의 기본기이며 논리의 바탕

연필을 잡고 종이에 쓰는 것을 괴로워한다!
맞춤법을 몰라 정확한 쓰기를 못한다!
말은 잘하지만 조리 있게 쓰는 것이 어렵다!
그래서 글쓰기의 기본 규칙을 정확히 알고
써야 공부 능력이 향상됩니다.

어휘력

교과 내용 이해와 독해력의 기본 바탕

어휘를 몰라서 수학 문제를 못 푼다!
어휘를 몰라서 사회, 과학 내용 이해가 안 된다!
어휘를 몰라서 수업 내용을 따라가기 어렵다!
그래서 교과 내용 이해의 기본 바탕을
다지기 위해 어휘 학습을 해야 합니다.

독해력

모든 교과 실력 향상의 기본 바탕

글을 읽었지만 무슨 내용인지 모른다!
글을 읽고 이해하는 데 시간이 오래 걸린다!
읽어서 이해하는 공부 방식을 거부하려고 한다!
그래서 통합적 사고력의 바탕인 독해 공부로
교과 실력 향상의 기본기를 닦아야 합니다.

계산력

초등 수학의 핵심이자 기본 바탕

계산 과정의 실수가 잦다!
계산을 하긴 하는데 시간이 오래 걸린다!
계산은 하는데 계산 개념을 정확히 모른다!
그래서 계산 개념을 익히고 속도와 정확성을
높이기 위한 훈련을 통해 계산력을 키워야 합니다.

세상이 변해도
배움의 즐거움은
변함없도록

시대는 빠르게 변해도
배움의 즐거움은
변함없어야 하기에

어제의 비상은
남다른 교재부터
결이 다른 콘텐츠
전에 없던 교육 플랫폼까지

변함없는 혁신으로
교육 문화 환경의 새로운 전형을
실현해왔습니다.

비상은 오늘, 다시 한번
새로운 교육 문화 환경을 실현하기 위한
또 하나의 혁신을 시작합니다.

오늘의 내가 어제의 나를 초월하고
오늘의 교육이 어제의 교육을 초월하여
배움의 즐거움을 지속하는 혁신,

바로, 메타인지 기반 완전 학습을.

상상을 실현하는 교육 문화 기업 비상

메타인지 기반 완전 학습
초월을 뜻하는 meta와 생각을 뜻하는 인지가 결합한 메타인지는
자신이 알고 모르는 것을 스스로 구분하고 학습계획을 세우도록 하는
궁극의 학습 능력입니다. 비상의 메타인지 기반 완전 학습 시스템은
잠들어 있는 메타인지를 깨워 공부를 100% 내 것으로 만들도록 합니다.

W 완자

공부력

초등 영어
파닉스 1

초등 영어 파닉스
단계별 구성

알파벳의 기본 소리와 여러 조합의 소리 패턴 연습을 통해 완벽하게 영단어를 읽을 수 있는 실력을 키워요!

파닉스 ❶ 기본 소리 익히기		
알파벳 소리	26개의 알파벳 이름과 소리를 학습할 수 있어요.	Aa Bb Cc Dd Ee Ff Gg Hh Ii Jj Kk Ll Mm Nn Oo Pp Qq Rr Ss Tt Uu Vv Ww Xx Yy Zz
-y로 끝나는 단어	단어의 끝에서 모음 역할을 하는 y의 소리 패턴을 학습할 수 있어요.	〈 자음 + y 〉
단모음	하나의 모음 소리로 구성된 5개의 모음 패턴을 학습할 수 있어요.	〈 자음 + 모음 + 자음 〉 a e i o u
장모음	알파벳 이름과 비슷한 발음으로 모음이 길게 소리나는 5개의 모음 패턴을 학습할 수 있어요.	〈 자음 + 모음 + 자음 + e 〉 a e i o u

파닉스 ❷ 블렌딩 패턴 익히기

자음 비교	구별하기 힘든 자음 소리를 비교해서 학습할 수 있어요.	f, p ㅣ b, v ㅣ l, r ㅣ d, t
이중자음1	두 개 이상의 연속된 자음이 내는 소리 패턴을 학습할 수 있어요.	bl, cl ㅣ fl, gl ㅣ pl, sl br, dr ㅣ gr, tr ㅣ cr, fr, pr sc, sk ㅣ sm, sn ㅣ sp, sq st, sw ㅣ scr, str, spr
이중자음2	두 개의 자음이 하나의 새로운 소리를 내는 패턴을 학습할 수 있어요.	ch, sh ㅣ th[θ, ð] ㅣ ph, wh
이중자음3 (끝소리)	두 개의 자음으로 끝나는 단어의 소리 패턴을 연습할 수 있어요.	-nd, -nt ㅣ -ng, -nk -st, -sk ㅣ -ck, -lk
이중모음	두 개의 모음이 하나의 새로운 소리를 내는 패턴을 연습할 수 있어요.	ai, ay ㅣ ea, ey ㅣ oa, ow oi, oy ㅣoo[ʊ, uː]ㅣ ou, ow
r로 끝나는 모음	<모음+r> 형태의 모음 소리 패턴을 학습할 수 있어요.	< 모음 + r > ar or er ir ur
묵음	단어에 포함되지만 소리 나지 않는 자음 패턴을 학습할 수 있어요.	b ㅣ k ㅣ l ㅣ w ㅣ c ㅣ gh

Phonics Chart

파닉스 ❶ 에서 배울 소리의 대표 단어입니다.

알파벳 소리

Aa	Bb	Cc	Dd	Ee
apple	ball	car	dog	egg
Ff	Gg	Hh	Ii	Jj
food	girl	horse	igloo	juice
Kk	Ll	Mm	Nn	Oo
key	lemon	monkey	nose	orange
Pp	Qq	Rr	Ss	Tt
piano	queen	rose	sun	tiger

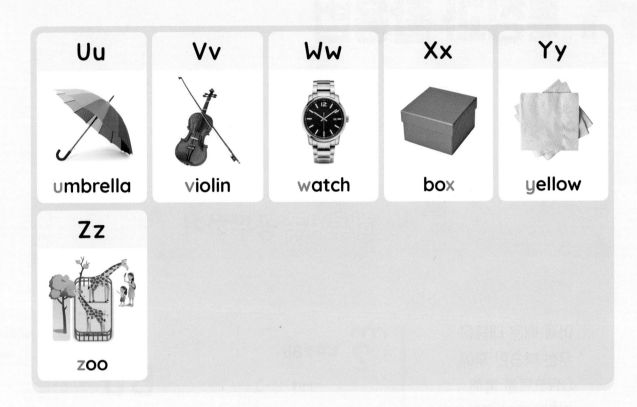

Uu	Vv	Ww	Xx	Yy
umbrella	violin	watch	box	yellow

Zz
zoo

단모음

a	e	i	o	u
can	leg	sit	mom	hug

장모음

a	e	i	o	u
cake	green	bike	cone	tube

m 특징과 활용법

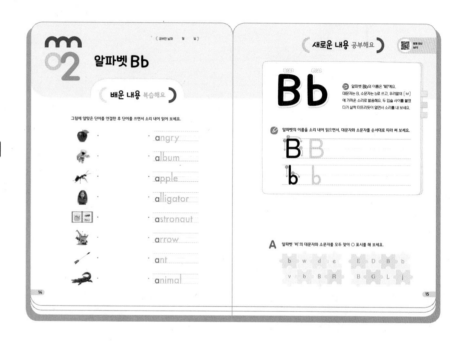

하루 4쪽 공부하기

✳ 어제 배운 내용을
우선 복습한 후에,
QR코드를 통해
멀티미디어 콘텐츠로
새로운 학습을 시작해
보세요.

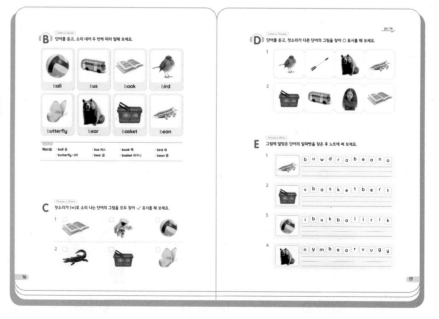

✳ 대표 단어 이미지를
활용한, 쉽고 재미있는
여러 활동을 통해 오늘
배울 소리를 자연스럽게
익힐 수 있어요.

✅ 책으로 하루 4쪽 공부하며, 초등 어휘력을 키워요!
✅ 모바일앱으로 공부한 내용을 복습하고 몬스터를 잡아요!

공부한 내용 확인하기

✳ Review와 실력 Test의 문제를 풀며 공부한 내용을 복습하고, 자신의 실력을 확인해요. 💡

모바일앱으로 복습하기

앱 다운받기

책 인증하기

✳ 그날 배운 내용을 바로바로, 또는 주말에 모아서 복습하고, 다이아몬드 획득까지! 💎 공부가 저절로 즐거워져요!

차례

우리도 하루 4쪽 공부 습관!
스스로 공부하는 힘을
키워 볼까요?

큰 습관이
지금은 그 친구를 이끌고 있어요.
매일매일의 좋은 습관은 우리를 좋은
곳으로 이끌어 줄 거예요.

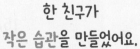

한 친구가
작은 습관을 만들었어요.

매일매일의 시간이 흘러
작은 습관은 큰 습관이 되었어요.

발음 영상
MP3

알파벳 Aa

대문자   소문자

알파벳 Aa의 이름은 **'에이'**예요.
대문자는 A, 소문자는 a 또는 a로 쓰고, 우리말의
[애]에 가까운 소리로 발음해요. 입을 양옆으로
벌려 소리를 내 보세요.

 알파벳의 이름을 소리 내어 읽으면서, 대문자와 소문자를 순서대로 따라 써 보세요.

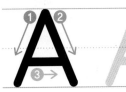

A 알파벳 '에이'의 대문자와 소문자를 모두 찾아 ◯ 표시를 해 보세요.

A e B a   g a N H

C a f A o j A a

Listen & Speak

B 단어를 듣고, 소리 내어 두 번씩 따라 말해 보세요.

apple

ant

album

animal

angry

arrow

alligator

astronaut

Words
- apple 사과
- ant 개미
- album 앨범
- animal 동물
- angry 화난
- arrow 화살
- alligator 악어
- astronaut 우주 비행사

Choose & Check

C 첫소리가 [애]로 소리 나는 단어의 그림을 모두 찾아 ✓ 표시를 해 보세요.

1 ☐  ☐  ☐

2 ☐   ☐  ☐

D 단어를 듣고, 첫소리가 다른 단어의 그림을 찾아 ◯ 표시를 해 보세요.

1

2

E 그림에 알맞은 단어의 알파벳을 찾은 후 노트에 써 보세요.

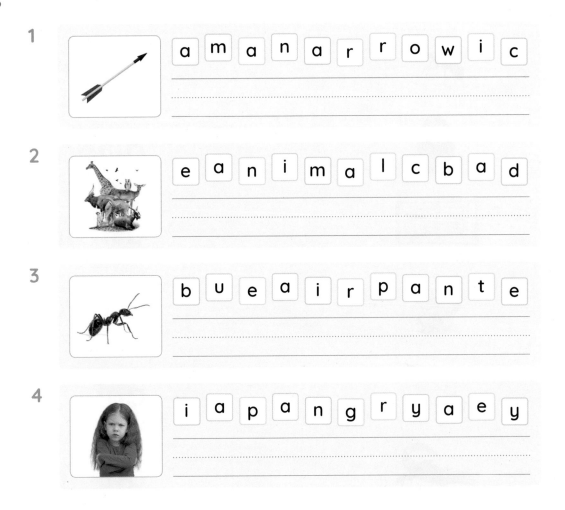

1 | a | m | a | n | a | r | r | o | w | i | c |

2 | e | a | n | i | m | a | l | c | b | a | d |

3 | b | u | e | a | i | r | p | a | n | t | e |

4 | i | a | p | a | n | g | r | y | a | e | y |

알파벳 Bb

그림에 알맞은 단어를 연결한 후 단어를 쓰면서 소리 내어 읽어 보세요.

 ·   · angry

 ·   · album

 ·   · apple

 ·   · alligator

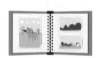 ·   · astronaut

 ·   · arrow

 ·   · ant

 ·   · animal

대문자   소문자

📹 알파벳 **Bb**의 이름은 **'비'**예요.
대문자는 B, 소문자는 b로 쓰고, 우리말의 **[ㅂ]**
에 가까운 소리로 발음해요. 두 입술 사이를 붙였
다가 살짝 터뜨리듯이 열면서 소리를 내 보세요.

✏️ 알파벳의 이름을 소리 내어 읽으면서, 대문자와 소문자를 순서대로 따라 써 보세요.

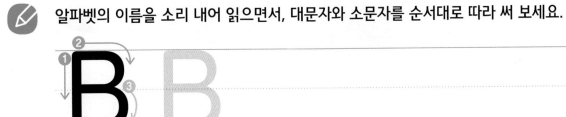

A 알파벳 '비'의 대문자와 소문자를 모두 찾아 ○ 표시를 해 보세요.

b   w   d   e   E   D   B   b

v   b   B   R   B   G   L   j

단어를 듣고, 소리 내어 두 번씩 따라 말해 보세요.

 ball

 bus

 book

 bird

 butterfly

 bear

 basket

 bean

Words
- ball 공
- bus 버스
- book 책
- bird 새
- butterfly 나비
- bear 곰
- basket 바구니
- bean 콩

C 첫소리가 [ㅂ]로 소리 나는 단어의 그림을 모두 찾아 ✔ 표시를 해 보세요.

1 ☐  ☐ ☐

2 ☐  ☐  ☐

D 단어를 듣고, 첫소리가 다른 단어의 그림을 찾아 ○ 표시를 해 보세요.

1

2

E 그림에 알맞은 단어의 알파벳을 찾은 후 노트에 써 보세요.

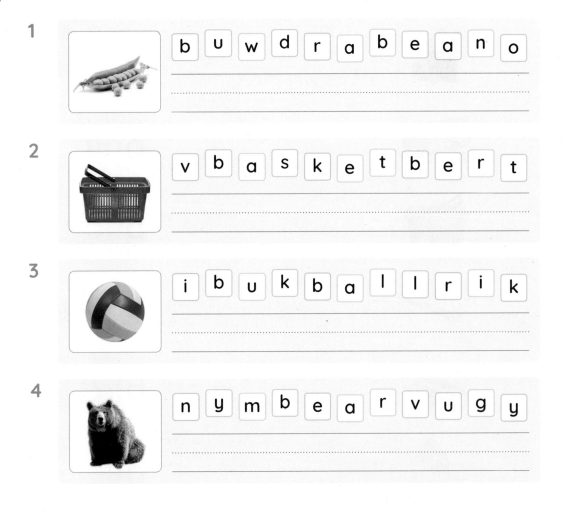

1 | b | u | w | d | r | a | b | e | a | n | o |

2 | v | b | a | s | k | e | t | b | e | r | t |

3 | i | b | u | k | b | a | l | l | r | i | k |

4 | n | y | m | b | e | a | r | v | u | g | y |

03 알파벳 Cc

(배운 내용 복습해요)

그림에 알맞은 단어를 연결한 후 단어를 쓰면서 소리 내어 읽어 보세요.

 ·   · bear

 ·   · book

 ·   · butterfly

 ·   · ball

 ·   · bean

 ·   · basket

 ·   · bird

 ·   · bus

대문자 · 소문자

C c

📹 알파벳 Cc의 이름은 '**씨**'예요.
대문자와 소문자의 모양은 같지만 크기가 달라요.
대문자는 C, 소문자는 c로 쓰고, 우리말의 [ㅋ]
에 가까운 소리로 발음해요. 입천장과 혀의 뒷부
분이 맞닿는 곳에서 소리를 내 보세요.

✏️ 알파벳의 이름을 소리 내어 읽으면서, 대문자와 소문자를 순서대로 따라 써 보세요.

A 알파벳 '씨'의 대문자와 소문자를 모두 찾아 ◯ 표시를 해 보세요.

v	c	y	f		x	m	c	C
o	p	c	C		C	g	L	i

단어를 듣고, 소리 내어 두 번씩 따라 말해 보세요.

car

cat

cup

camera

candy

carrot

computer

cookie

Words
- car 자동차
- cat 고양이
- cup 컵
- camera 사진기
- candy 사탕
- carrot 당근
- computer 컴퓨터
- cookie 쿠키

Choose & Check

C 첫소리가 [ㅋ]로 소리 나는 단어의 그림을 모두 찾아 ✔ 표시를 해 보세요.

1

2

단어를 듣고, 첫소리가 다른 단어의 그림을 찾아 ⭕ 표시를 해 보세요.

1

2

Choose & Write

E 그림에 알맞은 단어의 알파벳을 찾은 후 노트에 써 보세요.

1

| j | t | c | y | l | e | c | a | r | n | b |

2

| c | a | v | w | c | a | r | r | o | t | o |

3

| k | t | c | o | o | k | i | e | c | x | e |

4

| b | c | e | m | q | c | a | n | d | y | i |

04 알파벳 Dd

배운 내용 복습해요

그림에 알맞은 단어를 연결한 후 단어를 쓰면서 소리 내어 읽어 보세요.

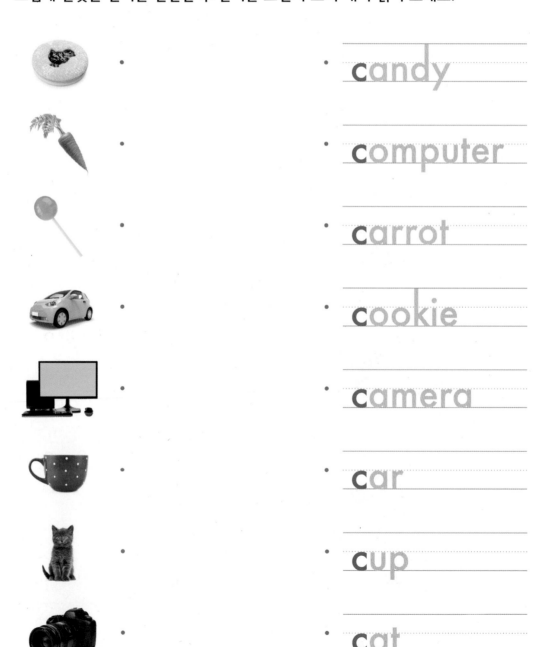

candy

computer

carrot

cookie

camera

car

cup

cat

대문자　소문자

🎬 알파벳 Dd의 이름은 '**디**'예요.
대문자는 D, 소문자는 d로 쓰고, 우리말의 [ㄷ]
에 가까운 소리로 발음해요. 혀끝을 입천장에
댔다가 떼며 소리를 내 보세요.

✏️ 알파벳의 이름을 소리 내어 읽으면서, 대문자와 소문자를 순서대로 따라 써 보세요.

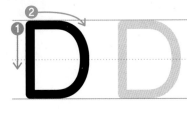

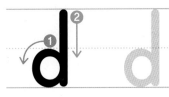

A 알파벳 '디'의 대문자와 소문자를 모두 찾아 ◯ 표시를 해 보세요.

n	d	F	D		D	j	m	b
B	e	D	z		d	k	d	f

단어를 듣고, 소리 내어 두 번씩 따라 말해 보세요.

dog

dance

duck

doctor

dinner

deer

dinosaur

dice

Words
- dog 개
- dance 춤을 추다
- duck 오리
- doctor 의사
- dinner 식사
- deer 사슴
- dinosaur 공룡
- dice 주사위

C 첫소리가 [ㄷ]로 소리 나는 단어의 그림을 모두 찾아 ✓ 표시를 해 보세요.

1 ☐ 　　☐ 　　☐

2 ☐ 　　☐ 　　☐

Listen & Choose

단어를 듣고, 첫소리가 다른 단어의 그림을 찾아 ◯ 표시를 해 보세요.

1

2

Choose & Write

E 그림에 알맞은 단어의 알파벳을 찾은 후 노트에 써 보세요.

1   d e b j y r k d i c e

2   l d u c k w d c i k x

3   d a l d e e r l i b n

4   m e d a m d i n n e r

Review | 01-04 |

A 빈칸에 알맞은 알파벳을 써서 그림이 나타내는 단어를 완성해 보세요.

1 ☐ asket

2 ☐ omputer

3 ☐ ice

4 ☐ eer

5 ☐ lbum

6 ☐ ookie

7 ☐ us

8 ☐ ean

9 ☐ ance

10 ☐ amera

11 ☐ rrow

12 ☐ ngry

위의 그림판을 모두 완성했나요? 단어의 첫소리에
유의하면서 소리 내어 단어를 읽어 보세요.

B 단어를 듣고, 첫소리에 알맞은 알파벳을 찾아 ○ 표시를 해 보세요.

1

a b c d

2

a b c d

3

a b c d

C 단어를 듣고, 첫소리가 같은 단어끼리 빈칸에 써 보세요.

1 2 3 4

5 6 7 8

A	B	C	D
alligator			

D 그림에 알맞은 단어를 써서 표현을 완성해 보세요.

1 the 🦋 on the 📖

→ the _____ on the _____

2 the 🍭 in the ☕

→ the _____ in the _____

알파벳 Ee

그림에 알맞은 단어를 연결한 후 단어를 쓰면서 소리 내어 읽어 보세요.

 ·

 ·

 ·

 ·

 ·

 ·

 ·

 ·

·  dinner

· doctor

· dog

· duck

·  dinosaur

· dance

· dice

·  deer

새로운 내용 공부해요

발음 영상
MP3

대문자 소문자

Ee

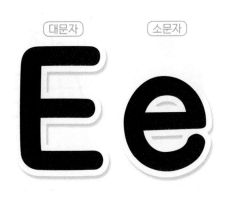

알파벳 **Ee**의 이름은 **'이'**예요.
대문자는 E, 소문자는 e로 쓰고, 우리말의 [에]에 가까운 소리로 발음해요. 입을 양쪽으로 당겨서 짧게 소리를 내 보세요.

알파벳의 이름을 소리 내어 읽으면서, 대문자와 소문자를 순서대로 따라 써 보세요.

E E

e e

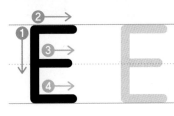

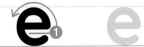

A 알파벳 '이'의 대문자와 소문자를 모두 찾아 ○ 표시를 해 보세요.

b	E	a	g	o	y	E	e
h	v	E	e	u	e	w	p

단어를 듣고, 소리 내어 두 번씩 따라 말해 보세요.

egg

elephant

elf

energy

elbow

exit

elevator

envelope

Words
- egg 달걀
- elephant 코끼리
- elf 요정
- energy 에너지
- elbow 팔꿈치
- exit 출구
- elevator 엘리베이터
- envelope 봉투

C 첫소리가 [에]로 소리 나는 단어의 그림을 모두 찾아 ✔ 표시를 해 보세요.

1

2

단어를 듣고, 첫소리가 다른 단어의 그림을 찾아 ○ 표시를 해 보세요.

1

2

Choose & Write

E 그림에 알맞은 단어의 알파벳을 찾은 후 노트에 써 보세요.

1 t d e g g h e a y i l

2 i m e z y f e x i t b

3 u e l b o w t k e i m

4 o b n e n e r g y w c

알파벳 Ff

그림에 알맞은 단어를 연결한 후 단어를 쓰면서 소리 내어 읽어 보세요.

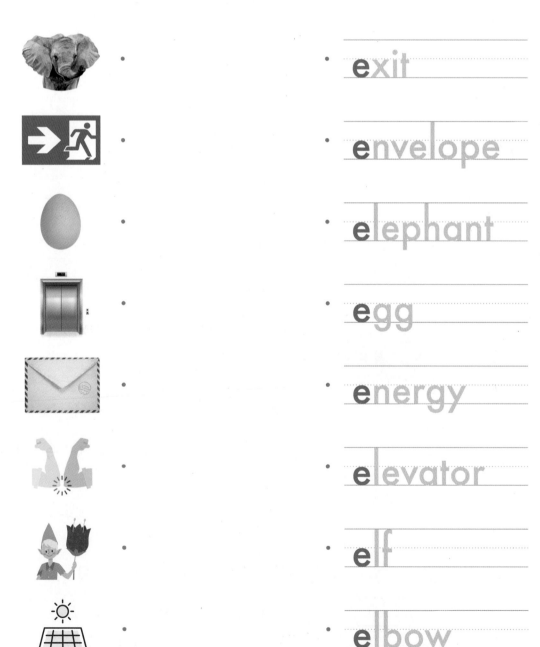

exit

envelope

elephant

egg

energy

elevator

elf

elbow

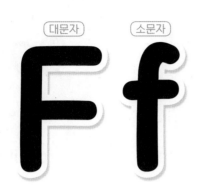

대문자 소문자

F f

▶️ 알파벳 **Ff**의 이름은 **'에프'**예요. 대문자는 F, 소문자는 f로 쓰고, 우리말의 [ㅍ]에 가까운 소리로 발음해요. 윗니를 아랫입술에 댔다가 떼며 '프'하고 소리를 내 보세요.

✏️ 알파벳의 이름을 소리 내어 읽으면서, 대문자와 소문자를 순서대로 따라 써 보세요.

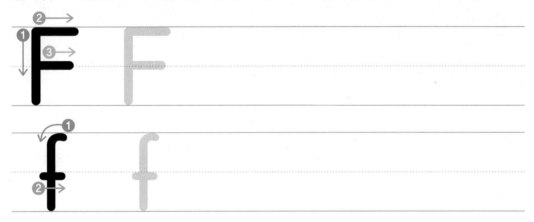

A 알파벳 '에프'의 대문자와 소문자를 모두 찾아 ⭕ 표시를 해 보세요.

c F P f   i f F t

b j f u   L G f k

단어를 듣고, 소리 내어 두 번씩 따라 말해 보세요.

fish

food

fire

family

football

finger

farmer

feather

Words
- fish 물고기
- food 음식
- fire 불
- family 가족
- football 축구
- finger 손가락
- farmer 농부
- feather 깃털

C 첫소리가 [ㅍ]로 소리 나는 단어의 그림을 모두 찾아 ✓ 표시를 해 보세요.

1 ☐   ☐   ☐

2 ☐   ☐   ☐

Listen & Choose

D 단어를 듣고, 첫소리가 다른 단어의 그림을 찾아 ○ 표시를 해 보세요.

1

2

Choose & Write

E 그림에 알맞은 단어의 알파벳을 찾은 후 노트에 써 보세요.

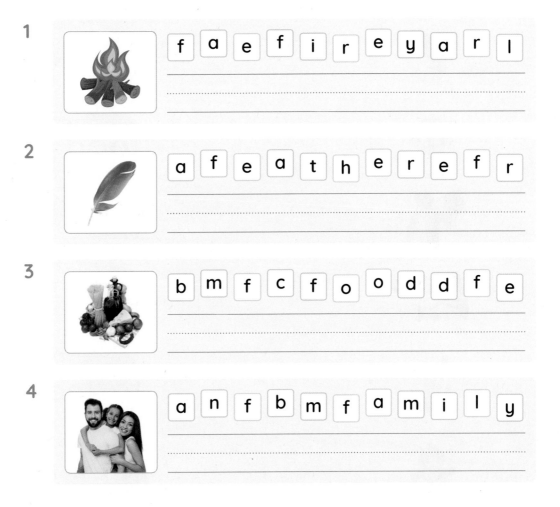

1 f a e f i r e y a r l

2 a f e a t h e r e f r

3 b m f c f o o d d f e

4 a n f b m f a m i l y

알파벳 Gg

그림에 알맞은 단어를 연결한 후 단어를 쓰면서 소리 내어 읽어 보세요.

feather

football

family

food

fire

fish

farmer

finger

대문자　　　소문자

알파벳 **Gg**의 이름은 **'쥐'**예요.
대문자는 G, 소문자는 g 또는 g로 쓰고 우리말
[ㄱ]에 가까운 소리로 발음해요. 목에 손을 대
고 울림을 확인하면서 '그'하고 소리를 내 보세요.

알파벳의 이름을 소리 내어 읽으면서, 대문자와 소문자를 순서대로 따라 써 보세요.

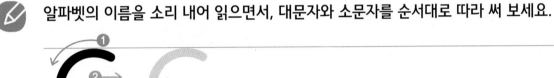

A 알파벳 '쥐'의 대문자와 소문자를 모두 찾아 ○ 표시를 해 보세요.

a	g	i	G		G	h	g	V
l	G	p	m		o	y	g	G

B 단어를 듣고, 소리 내어 두 번씩 따라 말해 보세요.

girl

gift

gold

game

goose

guitar

gorilla

gate

Words
- girl 여자아이, 소녀
- gift 선물
- gold 금
- game 게임
- goose 거위
- guitar 기타
- gorilla 고릴라
- gate 대문, 입구

Choose & Check

C 첫소리가 [ㄱ]로 소리 나는 단어의 그림을 모두 찾아 ✓ 표시를 해 보세요.

1

2

단어를 듣고, 첫소리가 다른 단어의 그림을 찾아 ◯ 표시를 해 보세요.

1

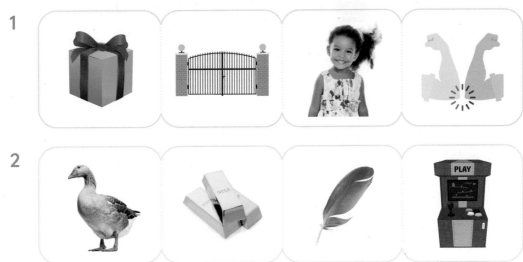

2

Choose & Write

E 그림에 알맞은 단어의 알파벳을 찾은 후 노트에 써 보세요.

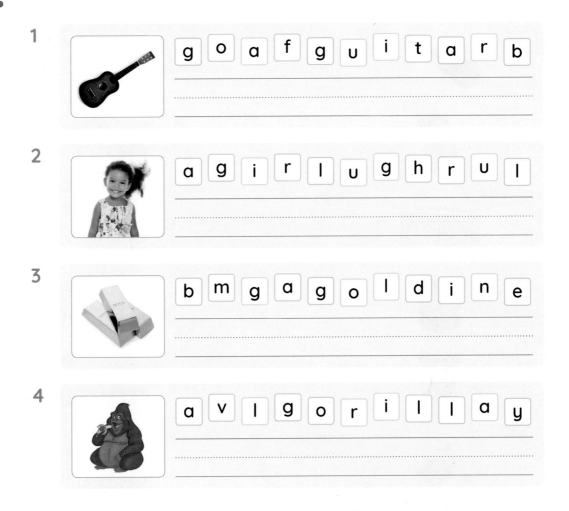

1 g o a f g u i t a r b

2 a g i r l u g h r u l

3 b m g a g o l d i n e

4 a v l g o r i l l a y

알파벳 Hh

배운 내용 복습해요

그림에 알맞은 단어를 연결한 후 단어를 쓰면서 소리 내어 읽어 보세요.

gift

girl

gate

gold

game

goose

guitar

gorilla

발음 영상
MP3

대문자   소문자

알파벳 **Hh**의 이름은 **'에이치'**예요.
대문자는 H, 소문자는 h로 쓰고, 우리말의 [ㅎ]
에 가까운 소리로 발음해요. 입술 사이로 바람
이 나가는 느낌으로 '흐'하고 소리를 내 보세요.

  알파벳의 이름을 소리 내어 읽으면서, 대문자와 소문자를 순서대로 따라 써 보세요.

A 알파벳 '에이치'의 대문자와 소문자를 모두 찾아 ○ 표시를 해 보세요.

B 단어를 듣고, 소리 내어 두 번씩 따라 말해 보세요.

hat

hen

house

horse

hero

heart

hippo

hamburger

Words
- hat 모자
- hen 암탉
- house 집
- horse 말
- hero 영웅
- heart 마음, 감정
- hippo 하마
- hamburger 햄버거

Choose & Check

C 첫소리가 [ㅎ]로 소리 나는 단어의 그림을 모두 찾아 ✓ 표시를 해 보세요.

1 ☐ 　　☐ 　　☐

2 ☐ 　　☐ 　　☐

D 단어를 듣고, 첫소리가 다른 단어의 그림을 찾아 ◯ 표시를 해 보세요.

1

2

E 그림에 알맞은 단어의 알파벳을 찾은 후 노트에 써 보세요.

1

| h | i | e | u | y | t | h | e | a | r | t |

2

| x | g | a | h | o | u | s | e | s | w | e |

3

| b | h | a | m | b | u | r | g | e | r | l |

4

| g | o | p | h | i | e | z | n | h | e | n |

10 Review | 06-09 |

A 빈칸에 알맞은 알파벳을 써서 그림이 나타내는 단어를 완성해 보세요.

1. ☐inger
2. ☐amburger
3. ☐old
4. ☐lf
5. ☐ero
6. ☐ootball
7. ☐irl
8. ☐eart
9. ☐gg
10. ☐armer
11. ☐xit
12. ☐ift

위의 그림판을 모두 완성했나요? 단어의 첫소리에
유의하면서 소리 내어 단어를 읽어 보세요.

B 단어를 듣고, 첫소리에 알맞은 알파벳을 찾아 ○ 표시를 해 보세요.

1
e f g h

2
e f g h

3
e f g h

C 단어를 듣고, 첫소리가 같은 단어끼리 빈칸에 써 보세요.

E	F	G	H
elevator			

D 그림에 알맞은 단어를 써서 표현을 완성해 보세요.

1   the ▦ of the 🏠

→ the _____ of the _____

2   the 🪶 of the 🐔

→ the _____ of the _____

 공부한 날짜   월   일

11 알파벳 Ii

 배운 내용 복습해요

그림에 알맞은 단어를 연결한 후 단어를 쓰면서 소리 내어 읽어 보세요.

 ·   · hamburger

 ·   · hippo

 ·   · hero

 ·   · hen

 ·   · horse

 ·   · heart

 ·   · house

 ·   · hat

대문자   소문자

▶ 알파벳 I i의 이름은 **'아이'**예요.
대문자는 I, 소문자는 i로 쓰고, 우리말의 [이]
에 가까운 소리로 발음해요. 입에 힘을 빼고 입
술을 양옆으로 살짝 벌리면서 가볍게 '이'하고
소리를 내 보세요.

 알파벳의 이름을 소리 내어 읽으면서, 대문자와 소문자를 순서대로 따라 써 보세요.

 A 알파벳 '아이'의 대문자와 소문자를 모두 찾아 ○ 표시를 해 보세요.

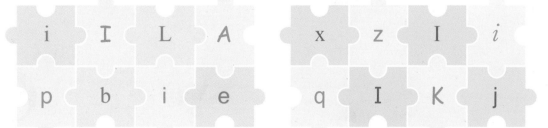

단어를 듣고, 소리 내어 두 번씩 따라 말해 보세요.

insect

igloo

ill

ink

Italy

iguana

impala

imitate

Words
> insect 곤충　　> igloo 이글루　　> ill 아픈　　> ink 잉크
> Italy 이탈리아　　> iguana 이구아나　　> impala 임팔라　　> imitate 흉내 내다

Choose & Check

 첫소리가 [이]로 소리 나는 단어의 그림을 모두 찾아 ✓ 표시를 해 보세요.

1

2

Listen & Choose

 D 단어를 듣고, 첫소리가 다른 단어의 그림을 찾아 ◯ 표시를 해 보세요.

E Choose & Write

그림에 알맞은 단어의 알파벳을 찾은 후 노트에 써 보세요.

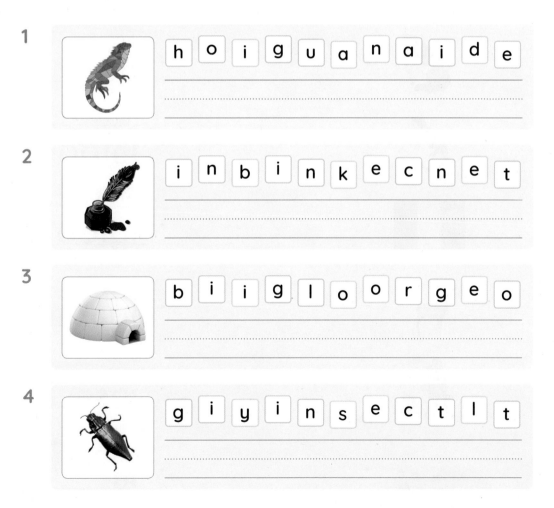

1 h o i g u a n a i d e

2 i n b i n k e c n e t

3 b i i g l o o r g e o

4 g i y i n s e c t l t

알파벳 Jj

배운 내용 복습해요

그림에 알맞은 단어를 연결한 후 단어를 쓰면서 소리 내어 읽어 보세요.

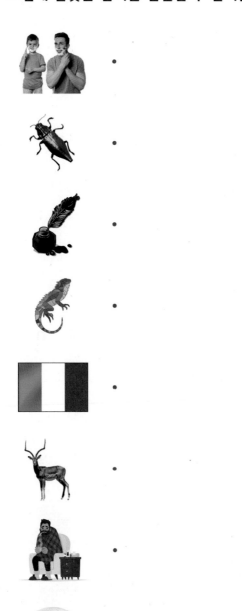

ink

imitate

Italy

impala

igloo

iguana

insect

ill

발음 영상
MP3

대문자　소문자

J j

알파벳 **J j**의 이름은 **'제이'**예요. 대문자는 J, 소문자는 j로 쓰고, 우리말 **[ㅈ]**에 가까운 소리로 발음해요. 입술을 오므리고 혀끝이 윗니의 뒷부분을 살짝 스치도록 '즈'하고 소리를 내 보세요.

알파벳의 이름을 소리 내어 읽으면서, 대문자와 소문자를 순서대로 따라 써 보세요.

② →
J ①　J

② j ①　j

A 알파벳 '제이'의 대문자와 소문자를 모두 찾아 ○ 표시를 해 보세요.

a	j	J	I
k	f	g	J

c	i	w	j
j	l	J	y

B 단어를 듣고, 소리 내어 두 번씩 따라 말해 보세요.

jam

juice

jeans

jogging

jacket

jar

jeep

jellyfish

Words
- jam 잼
- juice 주스
- jeans 청바지
- jogging 조깅
- jacket 재킷
- jar (저장용) 유리병
- jeep 지프차
- jellyfish 해파리

Choose & Check

C 첫소리가 [ㅈ]로 소리 나는 단어의 그림을 모두 찾아 ✔ 표시를 해 보세요.

1

2

단어를 듣고, 첫소리가 다른 단어의 그림을 찾아 ○ 표시를 해 보세요.

1

2

E 그림에 알맞은 단어의 알파벳을 찾은 후 노트에 써 보세요.

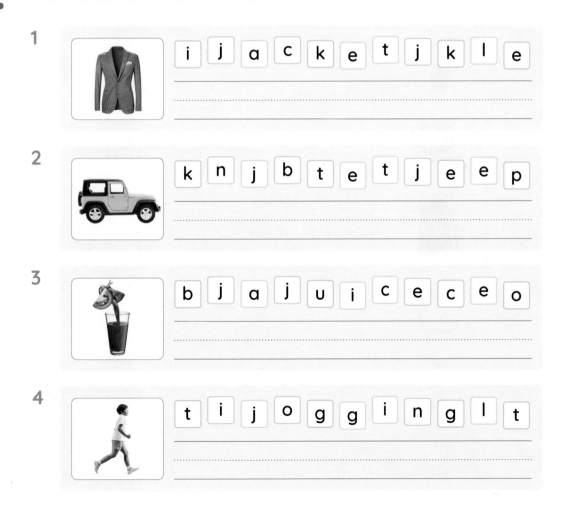

1   i   j   a   c   k   e   t   j   k   l   e

2   k   n   j   b   t   e   t   j   e   e   p

3   b   j   a   j   u   i   c   e   c   e   o

4   t   i   j   o   g   g   i   n   g   l   t

13 알파벳 Kk

그림에 알맞은 단어를 연결한 후 단어를 쓰면서 소리 내어 읽어 보세요.

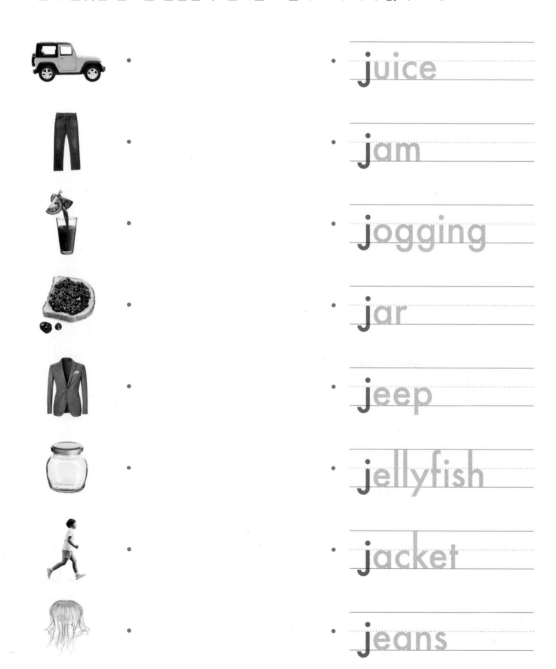

juice

jam

jogging

jar

jeep

jellyfish

jacket

jeans

발음 영상
MP3

대문자 소문자

▶ 알파벳 **Kk**의 이름은 '**케이**'예요.
대문자는 K, 소문자는 k로 쓰고, 우리말의 **[ㅋ]**
에 가까운 소리로 발음해요. 알파벳 Cc의 발음과
같아요. 입천장의 안쪽에서 나는 소리로, 아랫
입술을 내려서 소리를 내 보세요.

 알파벳의 이름을 소리 내어 읽으면서, 대문자와 소문자를 순서대로 따라 써 보세요.

K K

k k

A 알파벳 '케이'의 대문자와 소문자를 모두 찾아 ○ 표시를 해 보세요.

t K k R | *K* e n b

k g j s | M *k* i k

B
단어를 듣고, 소리 내어 두 번씩 따라 말해 보세요.

key

kiwi

kick

koala

kitten

Korea

kangaroo

kettle

Words
> key 열쇠
> kiwi 키위
> kick (발로) 차다
> koala 코알라
> kitten 새끼 고양이
> Korea 대한민국
> kangaroo 캥거루
> kettle 주전자

C
첫소리가 [ㅋ]로 소리 나는 단어의 그림을 모두 찾아 ✓ 표시를 해 보세요.

1 ☐ 　☐ 　☐

2 ☐ 　☐ 　☐

단어를 듣고, 첫소리가 다른 단어의 그림을 찾아 ◯ 표시를 해 보세요.

1

2

Choose & Write

E 그림에 알맞은 단어의 알파벳을 찾은 후 노트에 써 보세요.

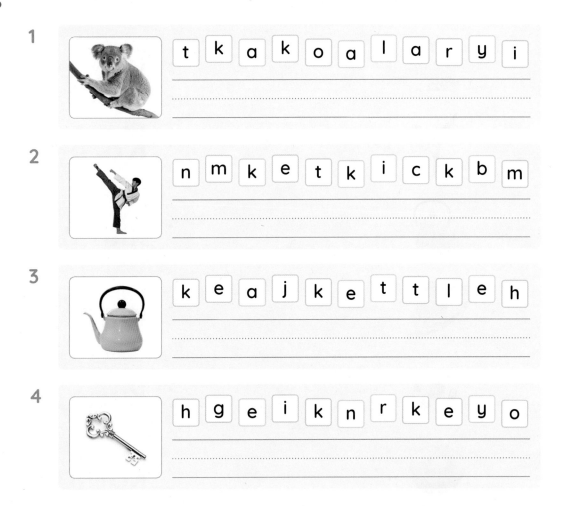

1 t k a k o a l a r y i

2 n m k e t k i c k b m

3 k e a j k e t t l e h

4 h g e i k n r k e y o

14 알파벳 Kk

배운 내용 복습해요

그림에 알맞은 단어를 연결한 후 단어를 쓰면서 소리 내어 읽어 보세요.

· kiwi

· kick

· key

· Korea

· kitten

· kettle

· kangaroo

· koala

58

대문자   소문자

📹 알파벳 **L l**의 이름은 **'엘'**이에요.
대문자는 L, 소문자는 l로 쓰고, 우리말의 **[ㄹ]**
에 가까운 소리로 발음해요. 윗니 뒤의 잇몸에
혀를 댔다가 때면서 소리를 내 보세요.

✏️ 알파벳의 이름을 소리 내어 읽으면서, 대문자와 소문자를 순서대로 따라 써 보세요.

A 알파벳 '엘'의 대문자와 소문자를 모두 찾아 ◯ 표시를 해 보세요.

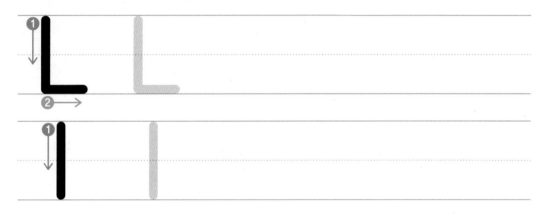

| l | h | g | j | t | 𝓛 | u | L |
| l | r | i | L | y | f | l | n |

Listen & Speak

단어를 듣고, 소리 내어 두 번씩 따라 말해 보세요.

lion

lemon

lady

lily

ladder

lizard

log

laugh

Words
- lion 사자
- lemon 레몬
- lady 숙녀
- lily 백합
- ladder 사다리
- lizard 도마뱀
- log 통나무
- laugh (소리 내어) 웃다

Choose & Check

C 첫소리가 [ㄹ]로 소리 나는 단어의 그림을 모두 찾아 ✓ 표시를 해 보세요.

1 ☐   ☐  ☐

2 ☐   ☐   ☐

단어를 듣고, 첫소리가 다른 단어의 그림을 찾아 ⭕ 표시를 해 보세요.

1

2

E 그림에 알맞은 단어의 알파벳을 찾은 후 노트에 써 보세요.

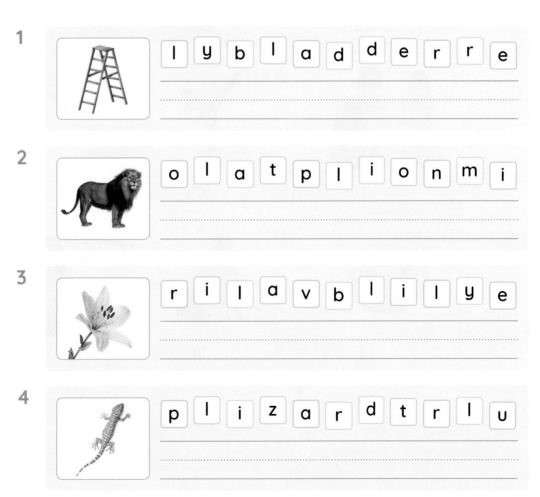

1   l   y   b   l   a   d   d   e   r   r   e

2   o   l   a   t   p   l   i   o   n   m   i

3   r   i   l   a   v   b   l   i   l   y   e

4   p   l   i   z   a   r   d   t   r   l   u

Review | 11-14 |

A 빈칸에 알맞은 알파벳을 써서 그림이 나타내는 단어를 완성해 보세요.

1	2	3
☐acket	☐oala	☐ily

4	5	6
☐adder	☐eep	☐nsect

7	8	9
☐mitate	☐ick	☐uice

10	11	12
☐iwi	☐ll	☐ady

위의 그림판을 모두 완성했나요? 단어의 첫소리에
유의하면서 소리 내어 단어를 읽어 보세요.

B 단어를 듣고, 첫소리에 알맞은 알파벳을 찾아 ◯ 표시를 해 보세요.

1	2	3

i j k l	i j k l	i j k l

C 단어를 듣고, 첫소리가 같은 단어끼리 빈칸에 써 보세요.

I	J	K	L
igloo			

D 그림에 알맞은 단어를 써서 표현을 완성해 보세요.

1 the 🍋 in the 🫙

→ the _____ in the _____

2 the 🦎 on the 🪵

→ the _____ on the _____

16 알파벳 Mm

배운 내용 복습해요

그림에 알맞은 단어를 연결한 후 단어를 쓰면서 소리 내어 읽어 보세요.

 · · lemon

 · · lily

 · · ladder

 · · lion

 · · laugh

 · · log

 · · lizard

 · · lady

발음 영상
MP3

Mm

대문자   소문자

알파벳 **Mm**의 이름은 **'엠'**이에요.
대문자는 M, 소문자는 m으로 쓰고, 우리말의
[ㅁ]에 가까운 소리로 발음해요. '음' 소리를
낼 때처럼 입술을 붙였다 떼며 소리를 내 보세요.

알파벳의 이름을 소리 내어 읽으면서, 대문자와 소문자를 순서대로 따라 써 보세요.

A 알파벳 '엠'의 대문자와 소문자를 모두 찾아 ○ 표시를 해 보세요.

n	H	m	m		*M*	j	b	M
g	M	N	d		m	h	m	n

B 단어를 듣고, 소리 내어 두 번씩 따라 말해 보세요..

mirror

monkey

medal

melon

magic

mug

mailbox

mushroom

Words
- mirror 거울
- monkey 원숭이
- medal 메달
- melon 멜론
- magic 마술, 마법
- mug 머그잔
- mailbox 우편함
- mushroom 버섯

C 첫소리가 [ㅁ]로 소리 나는 단어의 그림을 모두 찾아 ✓ 표시를 해 보세요.

1 ☐   ☐  ☐

2 ☐   ☐  ☐

Listen & Choose

D 단어를 듣고, 첫소리가 다른 단어의 그림을 찾아 ○ 표시를 해 보세요.

1

2

Choose & Write

E 그림에 알맞은 단어의 알파벳을 찾은 후 노트에 써 보세요.

1 | m | r | e | m | e | d | a | l | r | s | d |

2 | w | n | o | m | h | j | m | u | g | t | i |

3 | i | m | a | g | i | c | n | e | m | a | s |

4 | j | m | u | b | k | m | o | n | k | e | y |

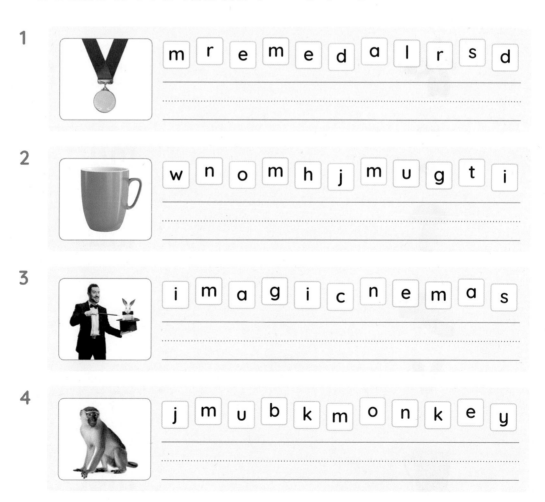

알파벳 Nn

배운 내용 복습해요

그림에 알맞은 단어를 연결한 후 단어를 쓰면서 소리 내어 읽어 보세요.

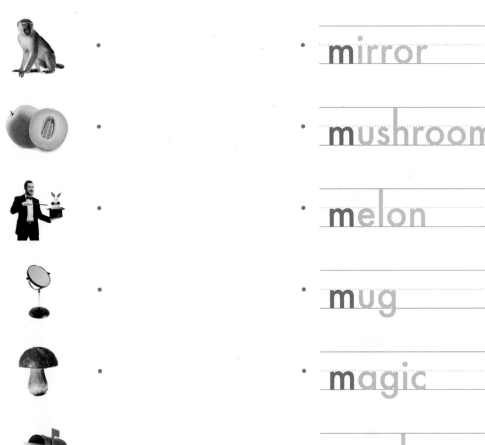

mirror

mushroom

melon

mug

magic

monkey

mailbox

medal

발음 영상
MP3

대문자   소문자

알파벳 **Nn**의 이름은 **'엔'**이에요. 대문자는 N, 소문자는 n으로 쓰고, 우리말의 [ㄴ]에 가까운 소리로 발음해요. 윗잇몸에 혀를 댔다가 떼며 코로 소리 내는 느낌으로 발음해 보세요.

알파벳의 이름을 소리 내어 읽으면서, 대문자와 소문자를 순서대로 따라 써 보세요.

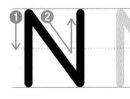

A   알파벳 '엔'의 대문자와 소문자를 모두 찾아 ◯ 표시를 해 보세요.

m	n	N	p		N	h	j	M
y	g	u	n		q	n	N	u

Listen & Speak

단어를 듣고, 소리 내어 두 번씩 따라 말해 보세요.

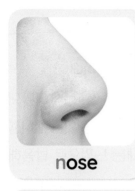
nose

note

net

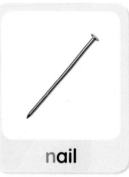
nail

nuts

necklace

navy

noodle

Words

> nose 코
> nuts 견과류

> note 메모
> necklace 목걸이

> net 그물, 망
> navy 해군

> nail 못
> noodle 국수

Choose & Check

C 첫소리가 [ㄴ]로 소리 나는 단어의 그림을 모두 찾아 ✔ 표시를 해 보세요.

1 ☐ 　　　☐ 　　　☐

2 ☐ 　　　☐ 　　　☐

단어를 듣고, 첫소리가 다른 단어의 그림을 찾아 ○ 표시를 해 보세요.

1

2

Choose & Write

E 그림에 알맞은 단어의 알파벳을 찾은 후 노트에 써 보세요.

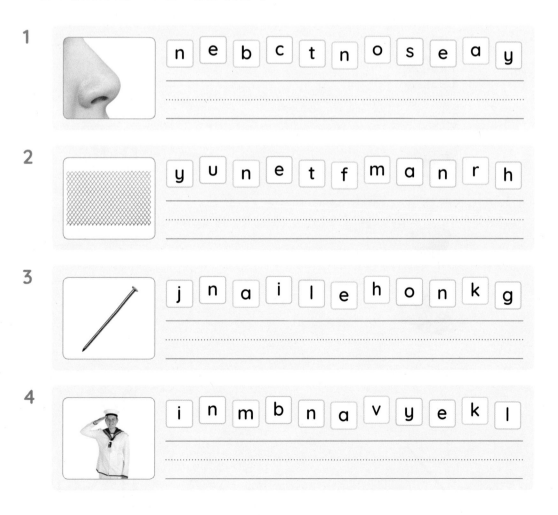

1

n e b c t n o s e a y

2

y u n e t f m a n r h

3

j n a i l e h o n k g

4

i n m b n a v y e k l

알파벳 Oo

배운 내용 복습해요

그림에 알맞은 단어를 연결한 후 단어를 쓰면서 소리 내어 읽어 보세요.

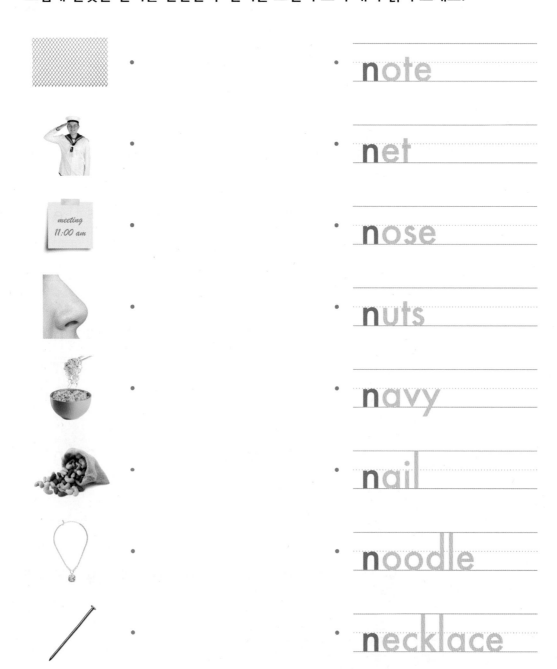

note

net

nose

nuts

navy

nail

noodle

necklace

대문자   소문자

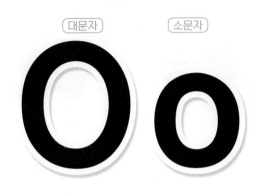

알파벳 Oo의 이름은 **'오우'**예요. 대문자는 O, 소문자는 o로 쓰고, 주로 우리말의 **[아]**에 가까운 소리로 발음해요. 일부 단어의 맨 처음에 오는 o는 [어]에 가까운 소리로 발음하기도 해요.

 알파벳의 이름을 소리 내어 읽으면서, 대문자와 소문자를 순서대로 따라 써 보세요.

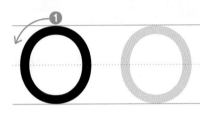

A 알파벳 '오우'의 대문자와 소문자를 모두 찾아 ◯ 표시를 해 보세요.

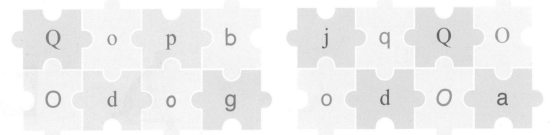

73

단어를 듣고, 소리 내어 두 번씩 따라 말해 보세요.

orange

office

octopus

ox

olive

ostrich

oven

onion

Words
> orange 오렌지 > office 사무실 > octopus 문어 > ox 황소
> olive 올리브 > ostrich 타조 > oven 오븐 > onion 양파

Choose & Check

C 첫소리가 [아] 또는 [어]로 소리 나는 단어의 그림을 모두 찾아 ✓ 표시를 해 보세요.

1　[아]　☐ 　☐ 　☐

2　[어]　☐ 　☐ 　☐

Listen & Choose

D 단어를 듣고, 첫소리가 다른 단어의 그림을 찾아 ⭕ 표시를 해 보세요.

1

2

Choose & Write

E 그림에 알맞은 단어의 알파벳을 찾은 후 노트에 써 보세요.

1 | i | t | o | v | e | n | a | p | o | d | m |

2 | i | p | o | l | i | v | e | o | e | t | g |

3 | m | v | o | l | r | o | n | i | o | n | j |

4 | a | y | o | c | t | o | p | u | s | p | a |

알파벳 Pp

그림에 알맞은 단어를 연결한 후 단어를 쓰면서 소리 내어 읽어 보세요.

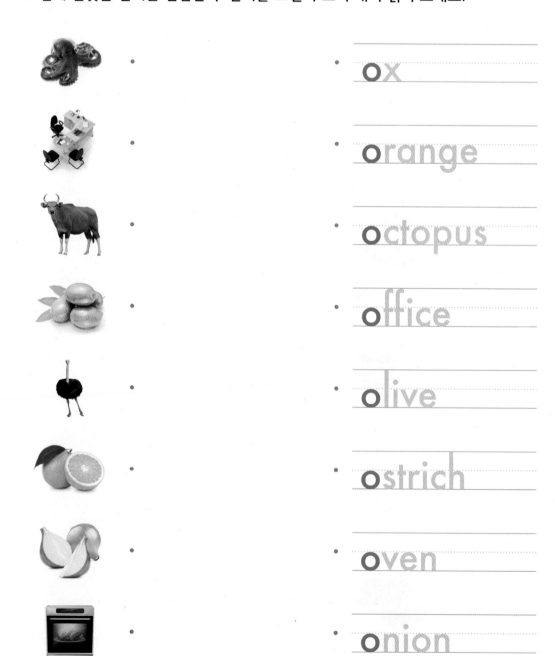

ox

orange

octopus

office

olive

ostrich

oven

onion

발음 영상
MP3

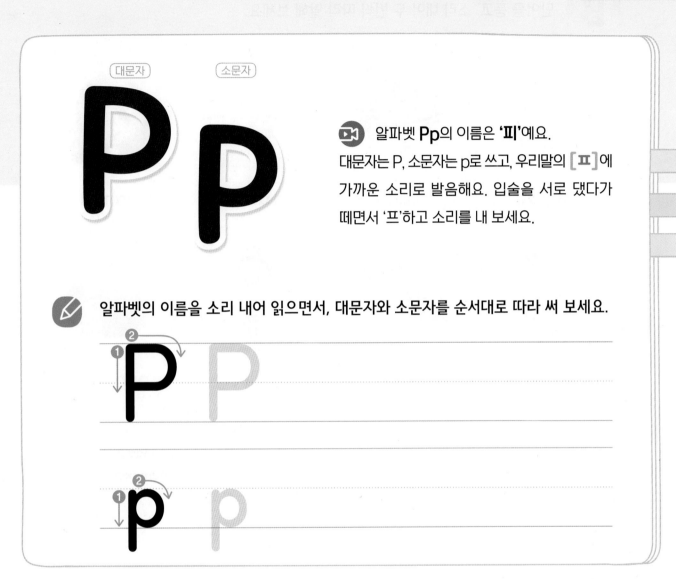

대문자   소문자

P p

📹 알파벳 **Pp**의 이름은 **'피'**예요.
대문자는 P, 소문자는 p로 쓰고, 우리말의 [ㅍ]에
가까운 소리로 발음해요. 입술을 서로 댔다가
떼면서 '프'하고 소리를 내 보세요.

✏️ 알파벳의 이름을 소리 내어 읽으면서, 대문자와 소문자를 순서대로 따라 써 보세요.

A 알파벳 '피'의 대문자와 소문자를 모두 찾아 ○ 표시를 해 보세요.

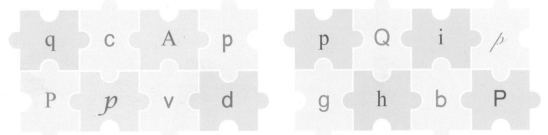

q   c   A   p   p   Q   i   *p*

P   *p*   v   d   g   h   b   P

단어를 듣고, 소리 내어 두 번씩 따라 말해 보세요.

puppy

piano

pants

panda

penguin

pear

police

pumpkin

Words
- puppy 강아지
- piano 피아노
- pants 바지
- panda 판다
- penguin 펭귄
- pear 배
- police 경찰
- pumpkin 호박

Choose & Check

C 첫소리가 [ㅍ]로 소리 나는 단어의 그림을 모두 찾아 ✓ 표시를 해 보세요.

1 □    □   □

2 □   □   □

Listen & Choose

 단어를 듣고, 첫소리가 다른 단어의 그림을 찾아 ○ 표시를 해 보세요.

1

2

Choose & Write

E 그림에 알맞은 단어의 알파벳을 찾은 후 노트에 써 보세요.

1 | p | o | p | e | n | g | u | i | n | u | t |

2 | i | p | j | u | t | e | p | u | p | p | y |

3 | z | i | p | j | b | p | e | a | r | e | o |

4 | g | p | u | m | p | k | i | n | c | i | n |

Review |16-19|

A 빈칸에 알맞은 알파벳을 써서 그림이 나타내는 단어를 완성해 보세요.

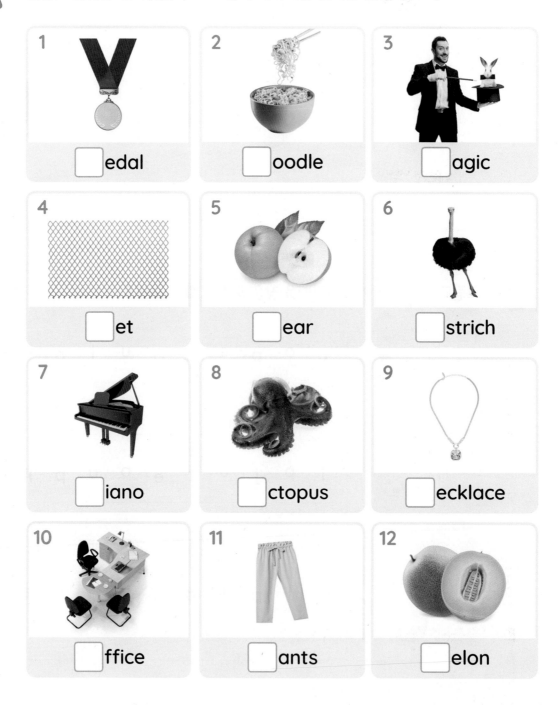

1 ☐edal

2 ☐oodle

3 ☐agic

4 ☐et

5 ☐ear

6 ☐strich

7 ☐iano

8 ☐ctopus

9 ☐ecklace

10 ☐ffice

11 ☐ants

12 ☐elon

위의 그림판을 모두 완성했나요? 단어의 첫소리에
유의하면서 소리 내어 단어를 읽어 보세요.

B 단어를 듣고, 첫소리에 알맞은 알파벳을 찾아 ○ 표시를 해 보세요.

1			
m	n	o	p

2			
m	n	o	p

3			
m	n	o	p

C 단어를 듣고, 첫소리가 같은 단어끼리 빈칸에 써 보세요.

M	N	O	P
mirror			

D 그림에 알맞은 단어를 써서 표현을 완성해 보세요.

1 the [meeting 11:00 am] in the 📫

→ the _____ in the _____

2 🥔 in the 🔲

→ _____ in the _____

21 알파벳 Qq

배운 내용 복습해요

그림에 알맞은 단어를 연결한 후 단어를 쓰면서 소리 내어 읽어 보세요.

 · · police

 · · panda

 · · piano

 · · pear

 · · penguin

 · · pants

 · · puppy

 · · pumpkin

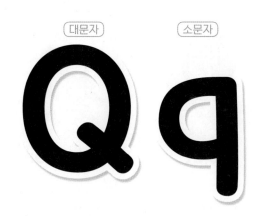

대문자   소문자

알파벳 **Qq**의 이름은 '**큐**'예요. 대문자는 Q, 소문자는 q로 쓰고, 우리말의 [**ㅋ**]에 가까운 소리로 발음해요. q 뒤에는 대체로 u가 뒤따르는 경우가 많으며, 이때 qu의 형태로 [**쿠**]에 가까운 소리가 나요.

 알파벳의 이름을 소리 내어 읽으면서, 대문자와 소문자를 순서대로 따라 써 보세요.

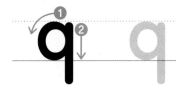

A 알파벳 '큐'의 대문자와 소문자를 모두 찾아 ◯ 표시를 해 보세요.

| p | o | g | q | | d | P | b | q |
| h | Q | c | q | | O | i | q | Q |

B 단어를 듣고, 소리 내어 두 번씩 따라 말해 보세요.

queen

quick

quiet

question

quiz

quarter

quilt

quarrel

Words
- queen 여왕
- quick 빠른
- quiet 조용한
- question 질문
- quiz 퀴즈, 시험
- quarter 4분의 1
- quilt 누비이불
- quarrel (말)다툼

C 첫소리가 [ㅋ]로 소리 나는 단어의 그림을 모두 찾아 ✓ 표시를 해 보세요.

1 ☐ 　☐ 　☐

2 ☐ 　☐ ？？？ 　☐

84

단어를 듣고, 첫소리가 다른 단어의 그림을 찾아 ◯ 표시를 해 보세요.

1

2

E 그림에 알맞은 단어의 알파벳을 찾은 후 노트에 써 보세요.

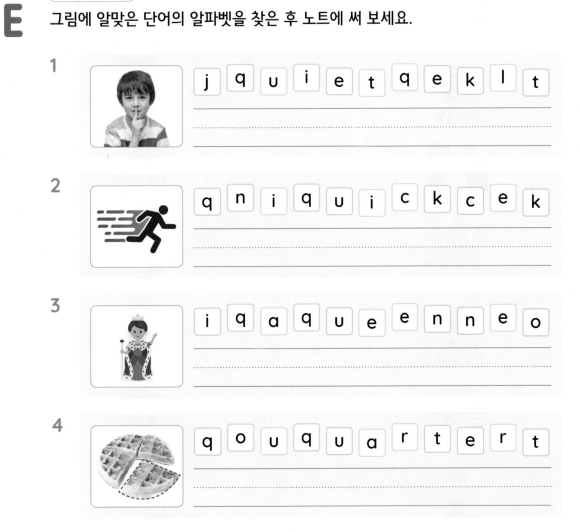

1 | j | q | u | i | e | t | q | e | k | l | t |

2 | q | n | i | q | u | i | c | k | c | e | k |

3 | i | q | a | q | u | e | e | n | n | e | o |

4 | q | o | u | q | u | a | r | t | e | r | t |

22 알파벳 Rr

배운 내용 복습해요

그림에 알맞은 단어를 연결한 후 단어를 쓰면서 소리 내어 읽어 보세요.

 ·   · quiz

 ·   · quarrel

 ·   · quick

 ·   · question

 ·   · queen

 ·   · quilt

 ·   · quarter

 ·   · quiet

새로운 내용 공부해요

발음 영상
MP3

대문자 소문자

Rr

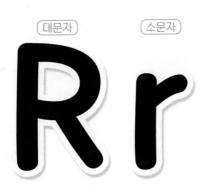

알파벳 **Rr**의 이름은 **'알'**이예요.
대문자는 R, 소문자는 r로 쓰고, 우리말의 [ㄹ]에 가까운 소리로 발음해요. 혀를 동그랗게 안쪽으로 말았다 펴면서 'ㄹ'하고 소리를 내 보세요.

알파벳의 이름을 소리 내어 읽으면서, 대문자와 소문자를 순서대로 따라 써 보세요.

① ② ③ R R

① ② r r

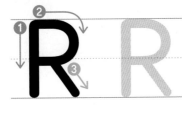

A 알파벳 '알'의 대문자와 소문자를 모두 찾아 ○ 표시를 해 보세요.

R	W	i	a
r	h	y	r

L	r	s	B
E	n	R	r

단어를 듣고, 소리 내어 두 번씩 따라 말해 보세요.

river

rabbit

rose

ribbon

road

restroom

raincoat

recycle

Words
> river 강　　　> rabbit 토끼　　　> rose 장미　　　> ribbon 리본
> road 길　　　> restroom 화장실　　　> raincoat 비옷　　　> recycle 재활용하다

 첫소리가 [ㄹ]로 소리 나는 단어의 그림을 모두 찾아 ✓ 표시를 해 보세요.

1 　　　　　　

2 

Listen & Choose

 단어를 듣고, 첫소리가 다른 단어의 그림을 찾아 ◯ 표시를 해 보세요.

1

2

Choose & Write

E 그림에 알맞은 단어의 알파벳을 찾은 후 노트에 써 보세요.

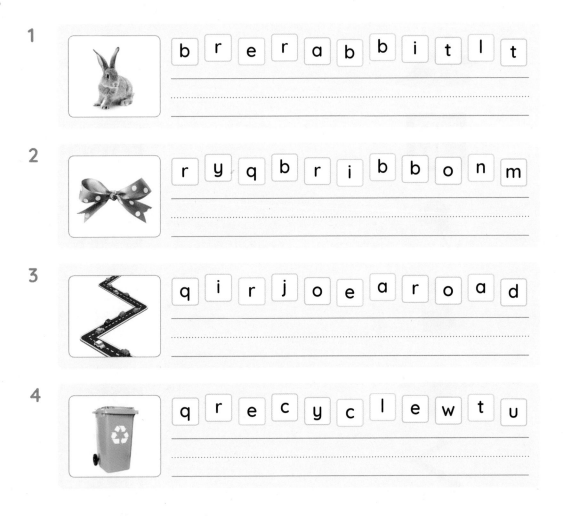

1 b r e r a b b i t l t

2 r y q b r i b b o n m

3 q i r j o e a r o a d

4 q r e c y c l e w t u

알파벳 Ss

배운 내용 복습해요

그림에 알맞은 단어를 연결한 후 단어를 쓰면서 소리 내어 읽어 보세요.

 · · ribbon

 · · restroom

· · recycle

 · · rabbit

 · · road

 · · raincoat

 · · rose

 · · river

대문자　　소문자

알파벳 **Ss**의 이름은 **'에스'**예요.
대문자는 S, 소문자는 s로 쓰고, 우리말의 **[ㅅ]**에
가까운 소리로 발음해요. 윗니에 혀끝을 대고
바람을 살짝 빼 주면서 '스'하고 소리를 내 보세요.

알파벳의 이름을 소리 내어 읽으면서, 대문자와 소문자를 순서대로 따라 써 보세요.

S　S

s　s

A　알파벳 '에스'의 대문자와 소문자를 모두 찾아 ○ 표시를 해 보세요.

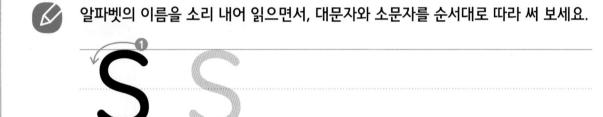

f　S　u　q　　S　d　C　w

s　o　e　s　　h　s　s　r

B 단어를 듣고, 소리 내어 두 번씩 따라 말해 보세요.

sun

sand

sister

soccer

sofa

salt

sandwich

seal

Words
- sun 태양
- sand 모래
- sister 언니, 여동생
- soccer 축구
- sofa 소파
- salt 소금
- sandwich 샌드위치
- seal 물개

Choose & Check

C 첫소리가 [ㅅ]로 소리 나는 단어의 그림을 모두 찾아 ✓ 표시를 해 보세요.

1 ☐ 　　☐ 　　☐

2 ☐ 　　☐ 　　☐

단어를 듣고, 첫소리가 다른 단어의 그림을 찾아 ○ 표시를 해 보세요.

1

2

E 그림에 알맞은 단어의 알파벳을 찾은 후 노트에 써 보세요.

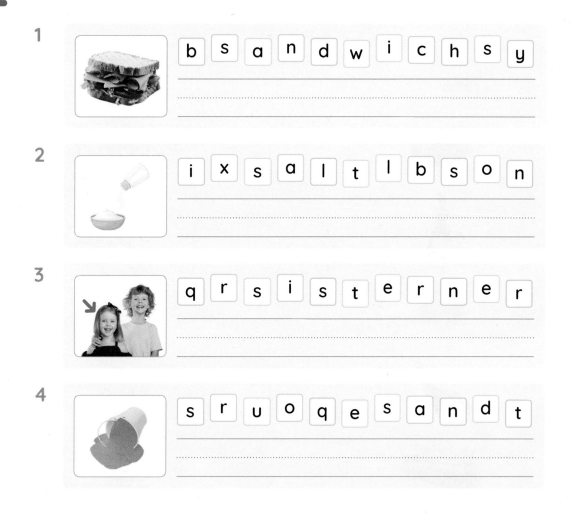

1 b s a n d w i c h s y

2 i x s a l t l b s o n

3 q r s i s t e r n e r

4 s r u o q e s a n d t

24 알파벳 Tt

배운 내용 복습해요

그림에 알맞은 단어를 연결한 후 단어를 쓰면서 소리 내어 읽어 보세요.

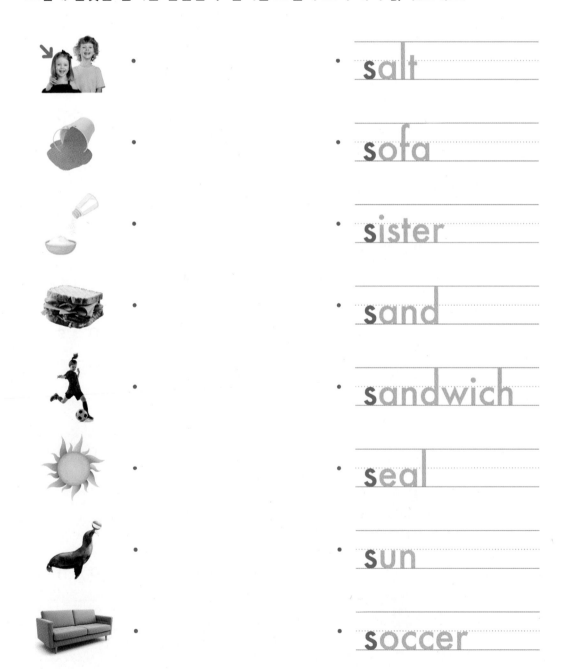

salt

sofa

sister

sand

sandwich

seal

sun

soccer

대문자   소문자

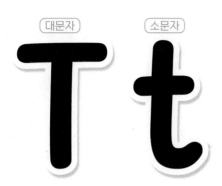

▶️ 알파벳 **Tt**의 이름은 **'티'**예요. 대문자는 T, 소문자는 t로 쓰고, 우리말의 **[ㅌ]** 에 가까운 소리로 발음해요. 혀끝을 윗니에 댔 다가 떼면서 소리를 내 보세요.

 알파벳의 이름을 소리 내어 읽으면서, 대문자와 소문자를 순서대로 따라 써 보세요.

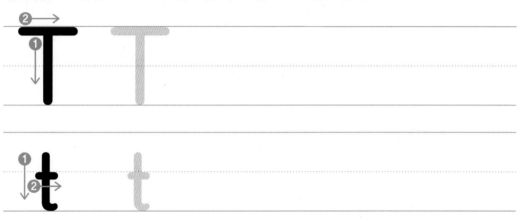

A 알파벳 '티'의 대문자와 소문자를 모두 찾아 ○ 표시를 해 보세요.

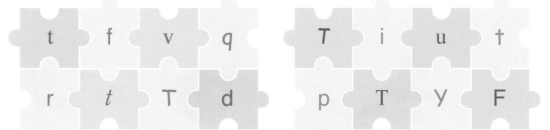

B 단어를 듣고, 소리 내어 두 번씩 따라 말해 보세요.

tiger

tomato

table

tail

tennis

taxi

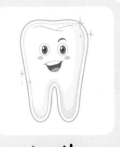
tooth

ticket

Words
> tiger 호랑이
> tomato 토마토
> table 탁자
> tail 꼬리
> tennis 테니스
> taxi 택시
> tooth 치아
> ticket 티켓

Choose & Check

C 첫소리가 [ㅌ]로 소리 나는 단어의 그림을 모두 찾아 ✓ 표시를 해 보세요.

1 ☐   ☐   ☐

2 ☐  ☐   ☐

단어를 듣고, 첫소리가 다른 단어의 그림을 찾아 ○ 표시를 해 보세요.

1

2

E 그림에 알맞은 단어의 알파벳을 찾은 후 노트에 써 보세요.

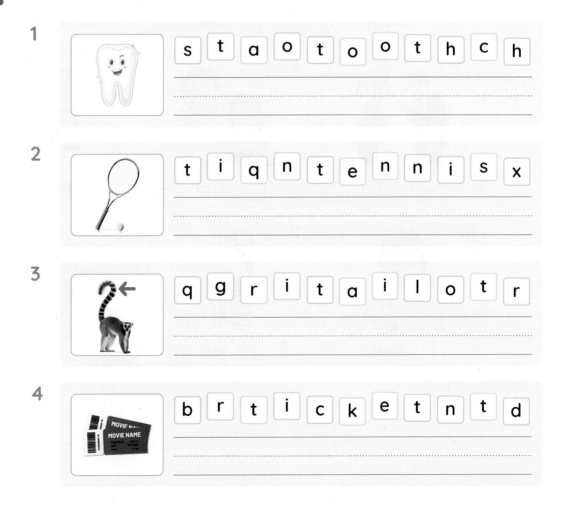

1 | s | t | a | o | t | o | o | t | h | c | h |

2 | t | i | q | n | t | e | n | n | i | s | x |

3 | q | g | r | i | t | a | i | l | o | t | r |

4 | b | r | t | i | c | k | e | t | n | t | d |

25 Review | 21-24 |

A 빈칸에 알맞은 알파벳을 써서 그림이 나타내는 단어를 완성해 보세요.

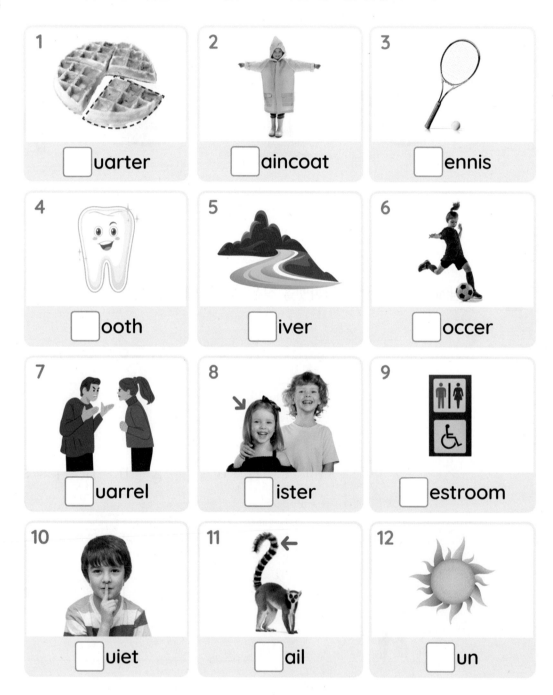

1. ☐uarter
2. ☐aincoat
3. ☐ennis
4. ☐ooth
5. ☐iver
6. ☐occer
7. ☐uarrel
8. ☐ister
9. ☐estroom
10. ☐uiet
11. ☐ail
12. ☐un

위의 그림판을 모두 완성했나요? 단어의 첫소리에
유의하면서 소리 내어 단어를 읽어 보세요.

B 단어를 듣고, 첫소리에 알맞은 알파벳을 찾아 ○ 표시를 해 보세요.

1

q r s t

2

q r s t

3

q r s t

C 단어를 듣고, 첫소리가 같은 단어끼리 빈칸에 써 보세요.

1　2　3　4

5　6　7　8

Q	R	S	T
quick			

D 그림에 알맞은 단어를 써서 표현을 완성해 보세요.

1 the 🐰 by the 〰️

→ the _____ by the _____

2 the 🥪 on the 🪑

→ the _____ on the _____

26 알파벳 Uu, Vv

배운 내용 복습해요

그림에 알맞은 단어를 연결한 후 단어를 쓰면서 소리 내어 읽어 보세요.

 · · ticket

 · · table

 · · tooth

 · · tomato

 · · tail

 · · tennis

 · · taxi

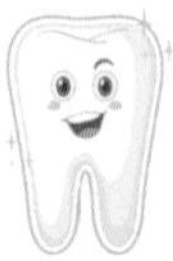

 · · tiger

대문자　소문자

대문자　소문자

알파벳 Uu의 이름은 '**유**'이고, 우리말의 [**어**]에 가까운 소리로 발음해요. 입을 벌려 턱을 아래로 내리면서 '어'하고 소리를 내 보세요.

알파벳 Vv의 이름은 '**뷔**'이고, 우리말의 [**ㅂ**]에 가까운 소리로 발음해요. 윗니로 아랫입술을 살짝 깨물면서 '브'하고 소리를 내 보세요.

 알파벳의 이름을 소리 내어 읽으면서, 대문자와 소문자를 순서대로 따라 써 보세요.

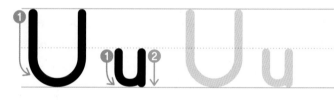

 A 알파벳 '유'와 '뷔'의 대문자와 소문자를 모두 찾아 ◯ 표시를 해 보세요.

o	u	m	W	U	w	u	T
v	y	U	V	n	V	J	v

Listen & Speak

B 단어를 듣고, 소리 내어 두 번씩 따라 말해 보세요.

umbrella

up

uncle

umpire

vegetable

violin

vet

volcano

Words
> umbrella 우산
> vegetable 채소

> up 위쪽으로
> violin 바이올린

> uncle 삼촌
> vet 수의사

> umpire 심판
> volcano 화산

Choose & Check

C 첫소리가 [어] 또는 [ㅂ]로 소리 나는 단어의 그림을 모두 찾아 ✓ 표시를 해 보세요.

1 [어] ☐   ☐    ☐

2 [ㅂ] ☐   ☐   ☐

D 단어를 듣고, 첫소리가 다른 단어의 그림을 찾아 ◯ 표시를 해 보세요.

1

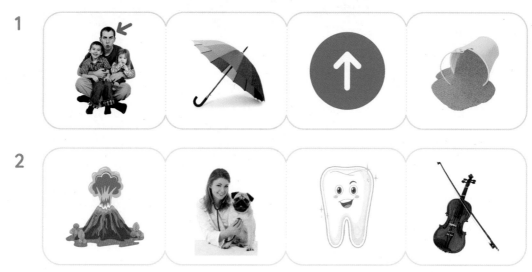

2

E 그림에 알맞은 단어의 알파벳을 찾은 후 노트에 써 보세요.

1

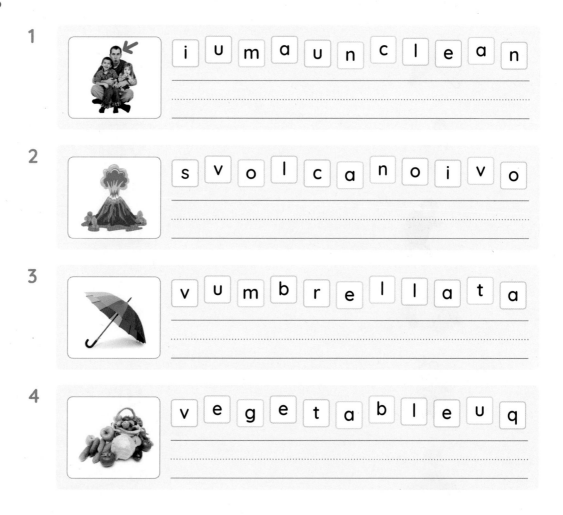

| i | u | m | a | u | n | c | l | e | a | n |

2

| s | v | o | l | c | a | n | o | i | v | o |

3

| v | u | m | b | r | e | l | l | a | t | a |

4

| v | e | g | e | t | a | b | l | e | u | q |

27 알파벳 Ww, Xx

배운 내용 복습해요

그림에 알맞은 단어를 연결한 후 단어를 쓰면서 소리 내어 읽어 보세요.

 · · umpire

 · · vet

 · · uncle

 · · volcano

 · · up

 · · violin

 · · umbrella

 · · vegetable

대문자　소문자

알파벳 **Ww**의 이름은 '**더블유**'이고, 우리말의 [**우**]에 가까운 소리로 발음해요. 입술을 둥글게 모아 '우'하고 소리를 내 보세요.

대문자　소문자

알파벳 **Xx**의 이름은 '**엑스**'이고, 우리말의 [**크ㅅ**]에 가까운 소리로 발음해요. 'ㅋ'와 'ㅅ'를 빠르게 이어 발음하여 소리를 내 보세요.

 알파벳의 이름을 소리 내어 읽으면서, 대문자와 소문자를 순서대로 따라 써 보세요.

A 알파벳 '더블유'와 '엑스'의 대문자와 소문자를 모두 찾아 ◯ 표시를 해 보세요.

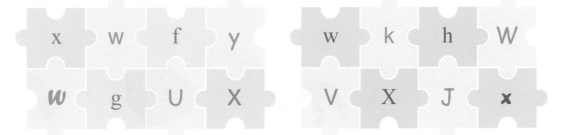

105

B 단어를 듣고, 소리 내어 두 번씩 따라 말해 보세요.

wife

wet

watch

watermelon

box

mix

fox

ax

Words
- wife 아내
- wet 젖은
- watch 시계
- watermelon 수박
- box 상자
- mix 섞다
- fox 여우
- ax 도끼

Choose & Check

C 첫소리가 [우], 또는 끝소리가 [크ㅅ]로 소리 나는 단어의 그림을 모두 찾아 ✓ 표시를 해 보세요.

1 첫소리
   [우]

2 끝소리
   [크ㅅ]

Listen & Choose

 D 단어를 듣고, 첫소리 또는 끝소리가 다른 단어의 그림을 찾아 ○ 표시를 해 보세요.

1 첫소리

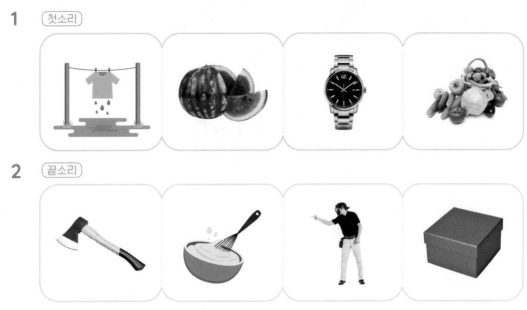

2 끝소리

Choose & Write

E 그림에 알맞은 단어의 알파벳을 찾은 후 노트에 써 보세요.

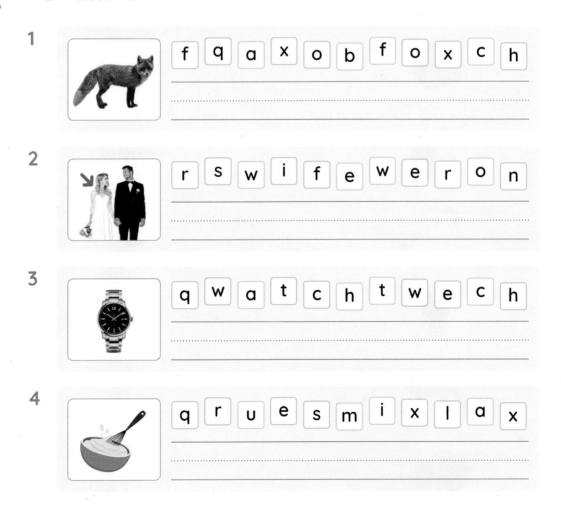

1 f q a x o b f o x c h

2 r s w i f e w e r o n

3 q w a t c h t w e c h

4 q r u e s m i x l a x

28 알파벳 Yy, Zz

그림에 알맞은 단어를 연결한 후 단어를 쓰면서 소리 내어 읽어 보세요.

mix

wife

fox

wet

box

watermelon

ax

watch

대문자　　소문자

알파벳 Yy의 이름은 '**와이**'이고, 우리 말의 [여]에 가까운 소리로 발음해요. '이'하고 준비하다가 빠르게 '여'로 소리를 내 보세요.

알파벳 Zz의 이름은 '**쥐**'이고, 우리말의 [ㅈ]에 가까운 소리로 발음해요. 혀가 입천장에 닿지 않도록 하면서 '즈'하고 소리 내 보세요.

 알파벳의 이름을 소리 내어 읽으면서, 대문자와 소문자를 순서대로 따라 써 보세요.

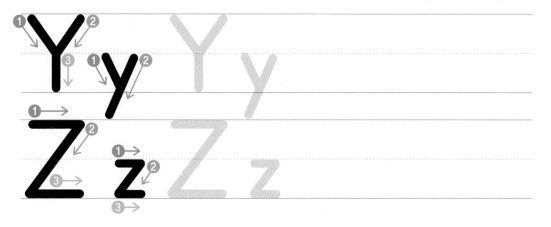

A 알파벳 '와이'와 '쥐'의 대문자와 소문자를 모두 찾아 ○ 표시를 해 보세요.

Z	t	a	Y		y	w	z	v
y	U	z	X		k	z	x	Y

B 단어를 듣고, 소리 내어 두 번씩 따라 말해 보세요.

yellow

yoga

yogurt

yawn

zero

zoo

zebra

zipper

Words
- yellow 노란색
- yoga 요가
- yogurt 요구르트
- yawn 하품
- zero (숫자) 0
- zoo 동물원
- zebra 얼룩말
- zipper 지퍼

C 첫소리가 [여] 또는 [ㅈ]로 소리 나는 단어의 그림을 모두 찾아 ✓ 표시를 해 보세요.

1 [여] ☐ ☐ ☐

2 [ㅈ] ☐ ☐ ☐

D 단어를 듣고, 첫소리가 다른 단어의 그림을 찾아 ◯ 표시를 해 보세요.

1

2

E 그림에 알맞은 단어의 알파벳을 찾은 후 노트에 써 보세요.

1   z a z e r o d w x o h

2   i y e l l o w v y c t

3   w z e b r a z e a b n

4   q y u i s y a w n e r

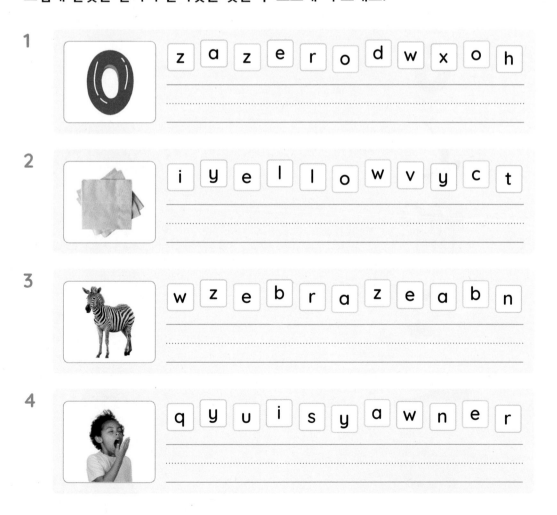

29 -y로 끝나는 단어

배운 내용 복습해요

그림에 알맞은 단어를 연결한 후 단어를 쓰면서 소리 내어 읽어 보세요.

 ·

 ·

· zero

· yoga

· zoo

· yellow

· zebra

· yawn

· yogurt

· zipper

 ·

 ·

 ·

 ·

 ·

 ·

 ·

 ·

새로운 내용 공부해요

-y

-y로 끝나는 단어의 발음은 두 가지예요. y 앞의 알파벳이 자음으로만 이루어진 짧은 단어는 y를 [아이]로 발음해요. y 앞의 알파벳이 자음과 모음으로 이루어진 긴 단어는 y를 [이]로 발음해요.

 A 단어를 듣고, 소리 내어 두 번씩 따라 말해 보세요.

cry

sky

fly

dry

baby

study

city

pony

Words
> cry 울다
> sky 하늘
> fly 날다
> dry 마른
> baby 아기
> study 공부
> city 도시
> pony 조랑말

113

B 알파벳을 배열하여 그림에 알맞은 단어를 빈칸에 써 보세요.

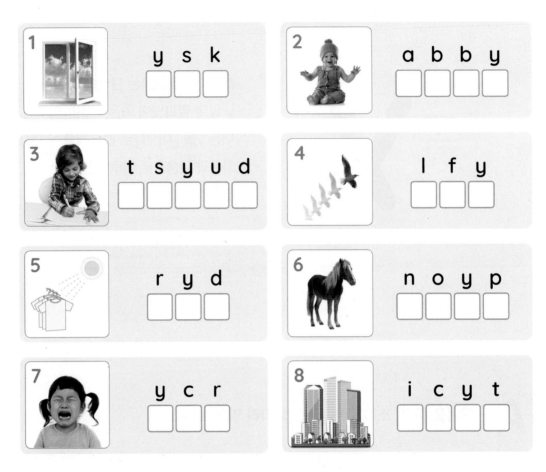

1 y s k ☐ ☐ ☐

2 a b b y ☐ ☐ ☐ ☐

3 t s y u d ☐ ☐ ☐ ☐ ☐

4 l f y ☐ ☐ ☐

5 r y d ☐ ☐ ☐

6 n o y p ☐ ☐ ☐ ☐

7 y c r ☐ ☐ ☐

8 i c y t ☐ ☐ ☐ ☐

C 끝소리가 [아이] 또는 [이]로 소리 나는 단어의 그림을 모두 찾아 ✓ 표시를 해 보세요.

1 [아이] ☐ ☐ ☐

2 [이] ☐ ☐ ☐

Listen & Choose

D 단어를 듣고, 끝소리가 다른 단어의 그림을 찾아 ◯ 표시를 해 보세요.

1

2

Choose & Write

E 그림에 알맞은 단어의 알파벳을 찾은 후 노트에 써 보세요.

1 o d a r y d r y i f r

2 h a v y o u s t u d y

3 v o y c i t y e n m i

4 b i e y u j s k y t n

(공부한 날짜 월 일)

30 Review | 26 - 29 |

A 빈칸에 알맞은 알파벳을 써서 그림이 나타내는 단어를 완성해 보세요.

1
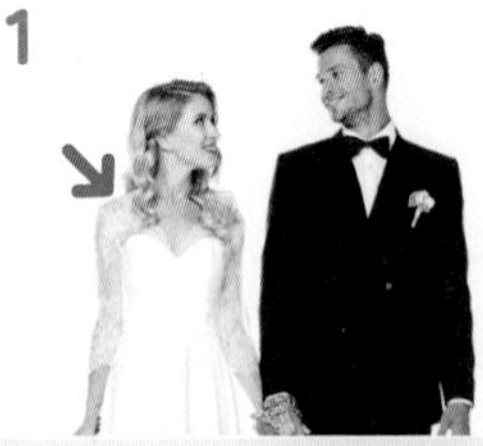
☐ife

2
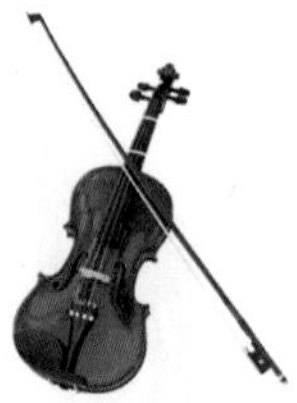
☐iolin

3
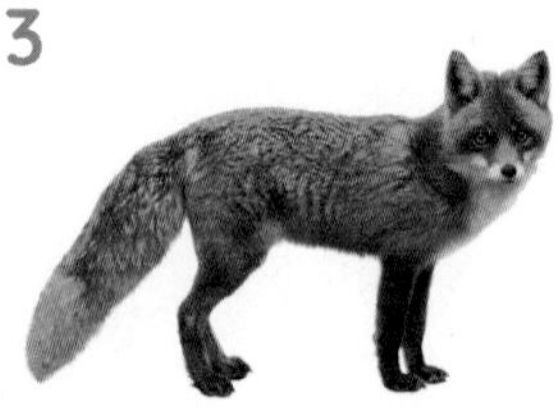
fo☐

4
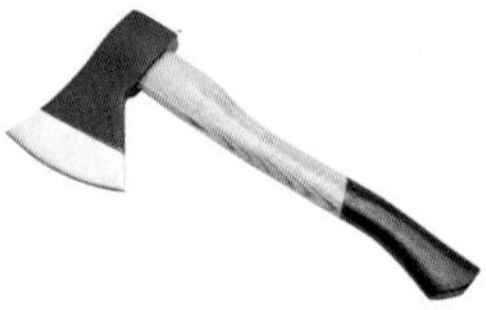
a☐

5
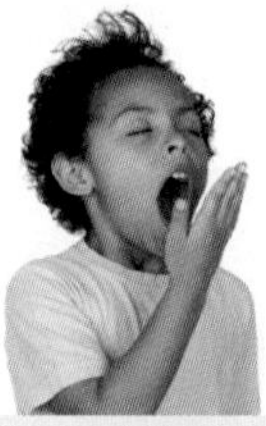
☐awn

6
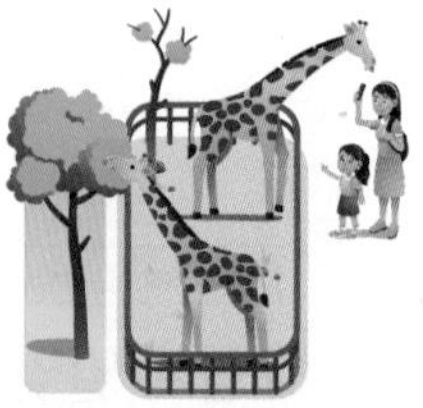
☐oo

7
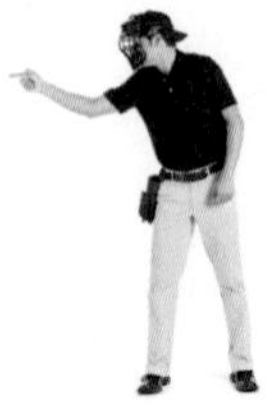
☐mpire

8
☐ellow

9
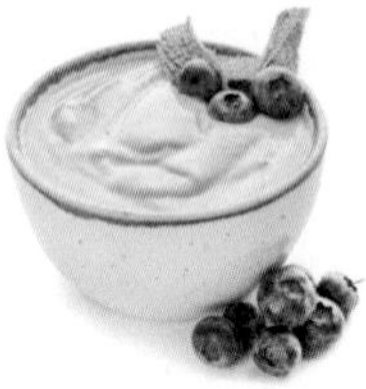
☐ogurt

10
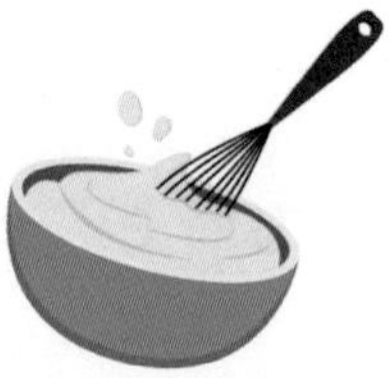
mi☐

11
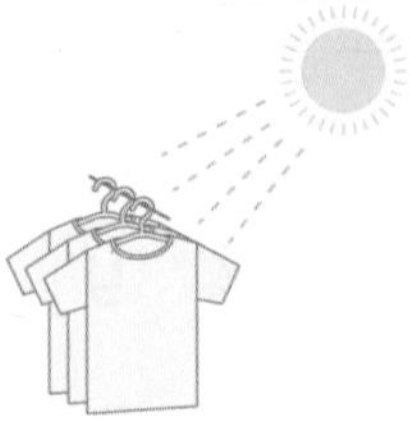
dr☐

12
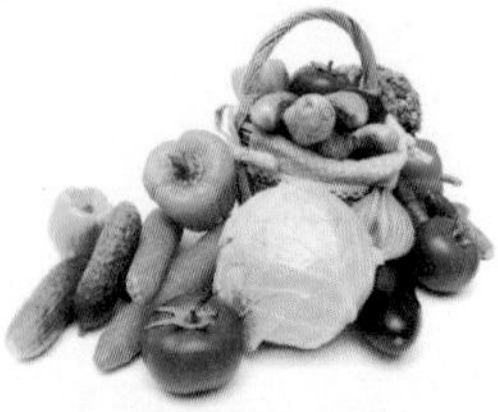
☐egetable

위의 그림판을 모두 완성했나요? 단어의 첫소리 또는
끝소리에 유의하면서 소리 내어 단어를 읽어 보세요.

B 단어를 듣고, 첫소리에 알맞은 알파벳을 찾아 O 표시를 해 보세요.

1	2	3
u w y z	v z u y	w v z u

C 단어를 듣고, 첫소리가 같은 단어끼리 빈칸에 써 보세요.

U	V	W	Z
up			

D 그림에 알맞은 단어를 써서 표현을 완성해 보세요.

1 the ⌚ in the 📦

→ the　　　in the

2 the 👶 on the 🐴

→ the　　　on the

그림에 알맞은 단어를 연결한 후 단어를 쓰면서 소리 내어 읽어 보세요.

  ·   · pony

  ·   · dry

  ·   · cry

  ·   · sky

  ·   · city

  ·   · fly

  ·   · baby

  ·   · study

단모음

🎬 알파벳 이름보다 짧은 소리로 나는 모음을 '단모음'이라고 해요.

단모음 a는 아래턱에 힘을 주고 입을 크게 벌리면서 [애]에 가까운 소리로 발음해요. 단모음 a의 소리가 나는 단어의 알파벳 구성을 잘 살펴보면서 단어들을 듣고 따라 말해 보세요.

 단어를 듣고, 소리 내어 두 번씩 따라 말해 보세요.

bat

sad

bag

can

map

lab

ram

gas

Words
> bat (야구) 배트
> sad 슬픈
> bag 가방
> can 캔, 깡통
> map 지도
> lab 실험실
> ram 숫양
> gas 기체, 가스

119

B 그림에 알맞은 단어의 알파벳을 연결하여 단어를 빈칸에 쓰면서 소리 내어 읽어 보세요.

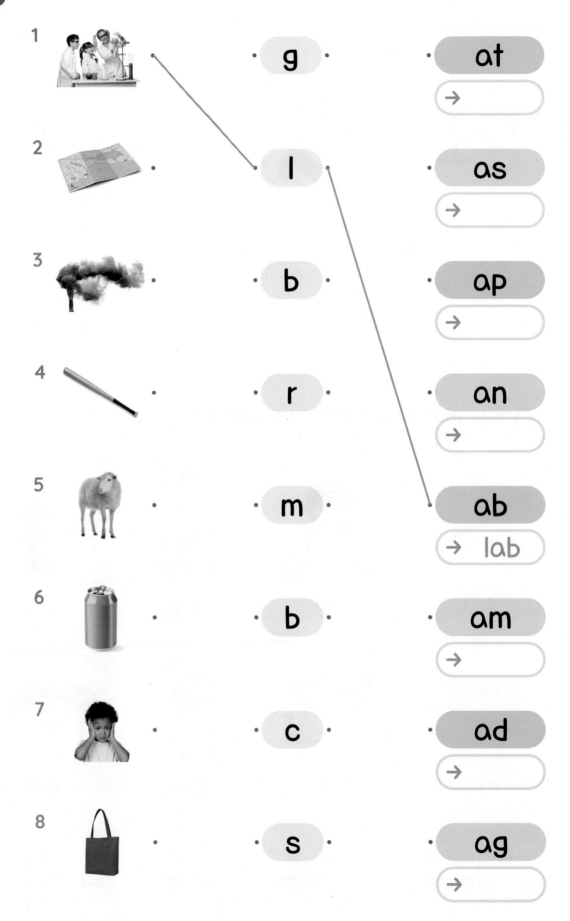

1   g   at →

2   l   as →

3   b   ap →

4   r   an →

5   m   ab → lab

6   b   am →

7   c   ad →

8   s   ag →

Listen & Choose

 단어를 듣고, 알맞은 단어와 그림을 골라 ◯ 표시를 해 보세요.

1 | can | bat |

2 | lab | bag |

3 | sad | ram |

4 | gas | map |

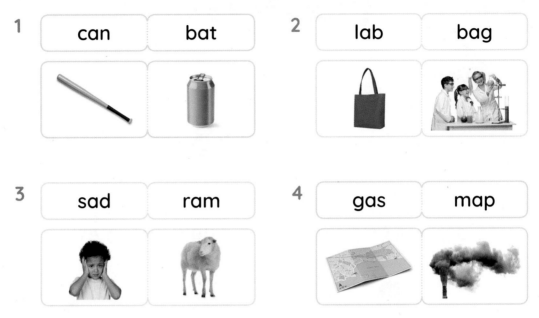

Choose & Write

D 알파벳을 배열하여 그림에 알맞은 단어를 노트에 써 보세요.

1

a
n   c

_____

2

a
m
r

_____

3

g
b
a

_____

4

s
g   a

_____

32 단모음 e

배운 내용 복습해요

그림을 보고 알맞은 알파벳을 찾아 ◯ 표시를 한 후 단어를 쓰면서 읽어 보세요.

1

| ad | at |

s__

2
| ap | am |

r__

3
| as | ag |

g__

4
| ag | am |

b__

5
| an | ap |

m__

6
| ad | an |

c__

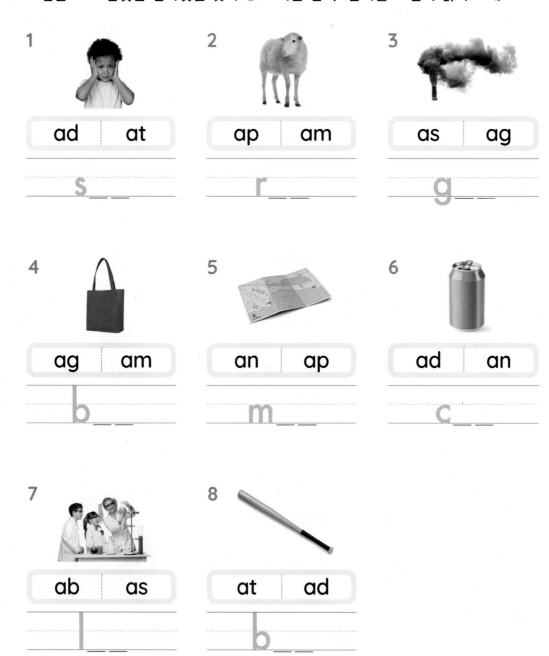

7
| ab | as |

l__

8
| at | ad |

b__

단모음

단모음 e는 입술을 양옆으로 늘리면서 [에]에 가까운 소리로 발음해요. 단모음 e의 소리가 나는 단어의 알파벳 구성을 잘 살펴보면서 단어들을 듣고 따라 말해 보세요.

A 단어를 듣고, 소리 내어 두 번씩 따라 말해 보세요.

ten

leg

red

pet

web

gem

bell

mess

Words
> ten 열, 십
> leg 다리
> red 빨간색
> pet 반려동물
> web 거미줄
> gem 보석
> bell 종
> mess 엉망인 상태

B 그림에 알맞은 단어의 알파벳을 연결하여 단어를 빈칸에 쓰면서 소리 내어 읽어 보세요.

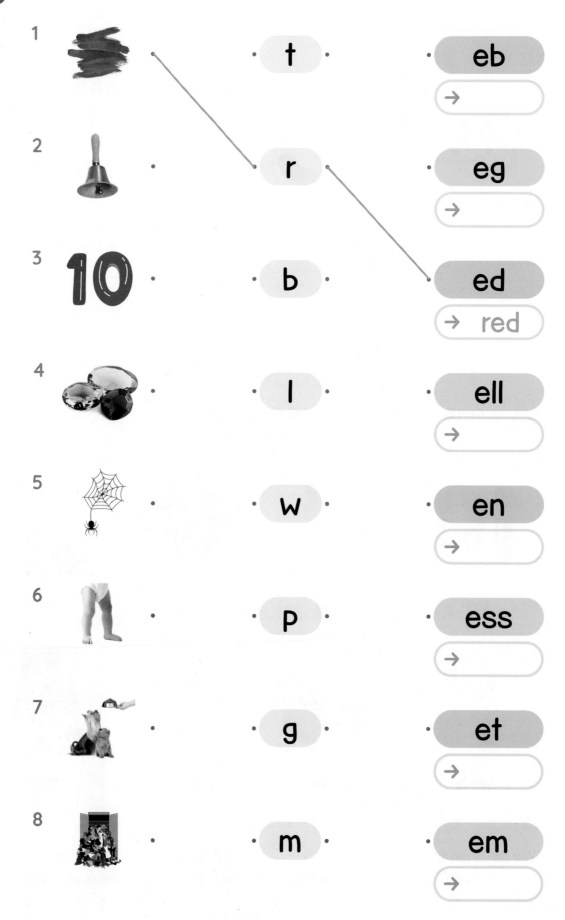

1   · t ·   eb →

2   · r ·   eg →

3   · b ·   ed → red

4   · l ·   ell →

5   · w ·   en →

6   · P ·   ess →

7   · g ·   et →

8   · m ·   em →

C 단어를 듣고, 알맞은 단어와 그림을 골라 ◯ 표시를 해 보세요.

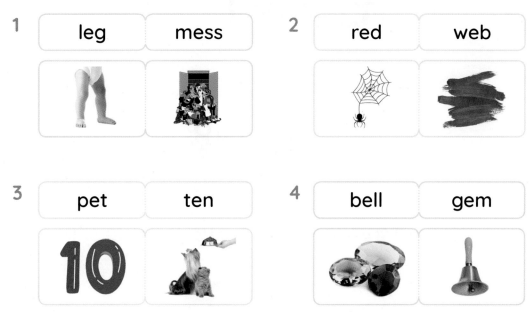

1

leg	mess

2

red	web

3

pet	ten

4

bell	gem

Choose & Write

D 알파벳을 배열하여 그림에 알맞은 단어를 노트에 써 보세요.

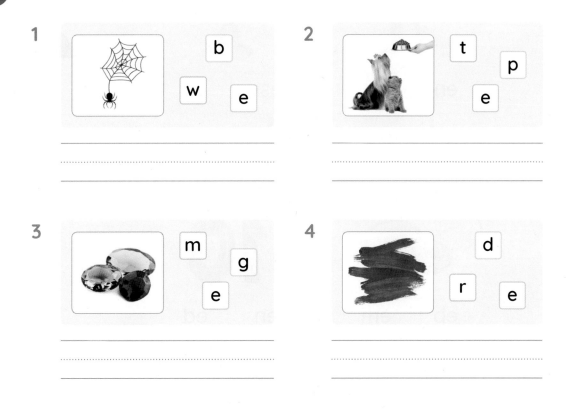

1   b   w   e

2   t   p   e

3   m   g   e

4   d   r   e

33

단모음 i

배운 내용 복습해요

그림을 보고 알맞은 알파벳을 찾아 ○ 표시를 한 후 단어를 쓰면서 읽어 보세요.

1

| em | eb |

w___

2

| ess | ell |

m___

3

| et | ed |

r___

4

| en | eg |

l___

5

| ess | ell |

b___

6

| eg | et |

p___

7

| eb | em |

g___

8

| en | ed |

t___

발음 영상
MP3

단모음 i

단모음 i는 입을 작게 벌린 상태에서 입술을 양쪽으로 벌리며 짧게 [이]에 가까운 소리로 발음해요. 단모음 i의 소리가 나는 단어의 알파벳 구성을 잘 살펴보면서 단어들을 듣고 따라 말해 보세요.

 단어를 듣고, 소리 내어 두 번씩 따라 말해 보세요.

sit

hip

kid

six

wig

rib

bin

rim

Words
> sit 앉다
> hip 엉덩이
> kid 아이
> six 여섯, 육
> wig 가발
> rib 갈비(뼈)
> bin 쓰레기통
> rim (둥근) 테두리

127

B 그림에 알맞은 단어의 알파벳을 연결하여 단어를 빈칸에 쓰면서 소리 내어 읽어 보세요.

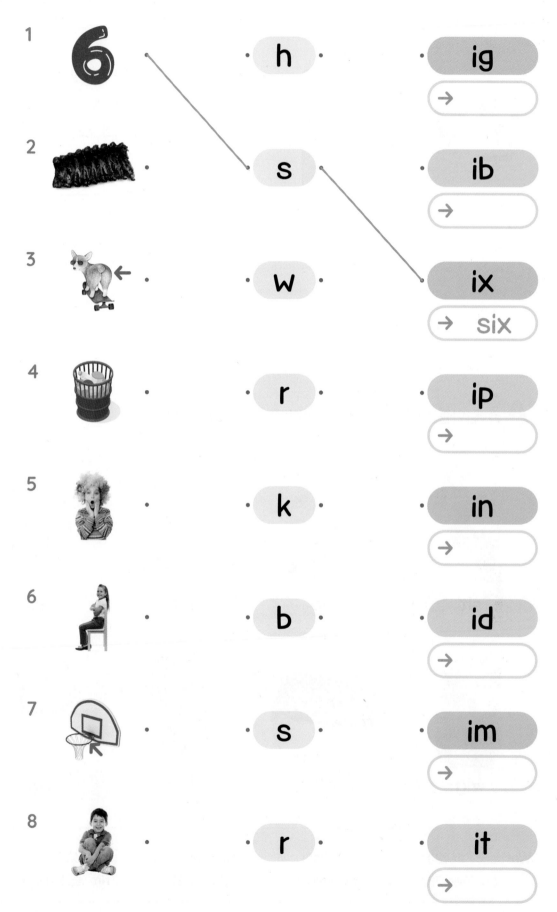

1   h   ig →

2   s   ib →

3   w   ix → six

4   r   ip →

5   k   in →

6   b   id →

7   s   im →

8   r   it →

C Listen & Choose
단어를 듣고, 알맞은 단어와 그림을 골라 ○ 표시를 해 보세요.

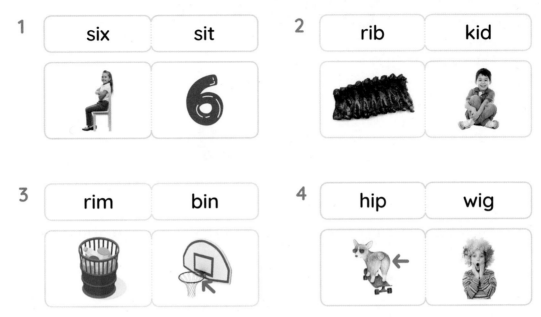

1

six	sit

2

rib	kid

3

rim	bin

4

hip	wig

D Choose & Write
알파벳을 배열하여 그림에 알맞은 단어를 노트에 써 보세요.

1 
g
i
w

2 
n
b
i

3 
b
r
i

4 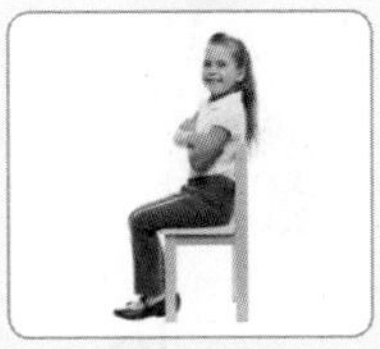
t
i
s

34 단모음 o, u

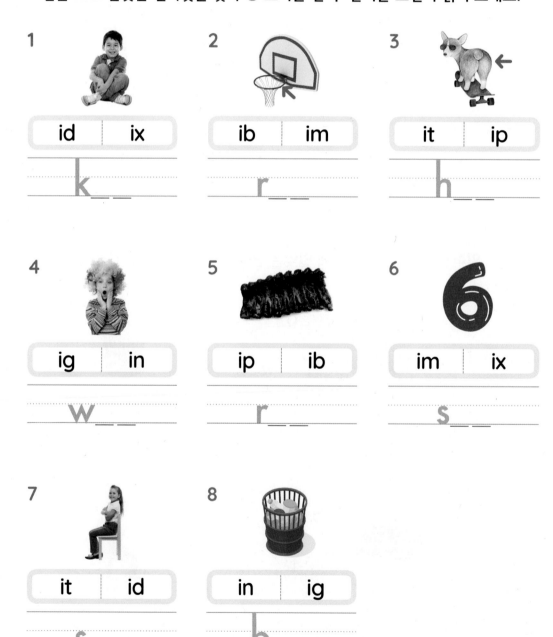

배운 내용 복습해요

그림을 보고 알맞은 알파벳을 찾아 ◯ 표시를 한 후 단어를 쓰면서 읽어 보세요.

1
| id | ix |

k＿＿

2
| ib | im |

r＿＿

3
| it | ip |

h＿＿

4
| ig | in |

w＿＿

5
| ip | ib |

r＿＿

6
| im | ix |

s＿＿

7
| it | id |

s＿＿

8
| in | ig |

b＿＿

단모음 o

▶ 단모음 o는 입을 위아래로 크게 벌리면서 [아]에 가까운 소리로 발음해요.

단모음 u

▶ 단모음 u는 입을 가볍게 벌린 상태에서 [어]에 가까운 소리로 발음해요.

 단어를 듣고, 소리 내어 두 번씩 따라 말해 보세요.

top

mom

pot

rob

cut

hug

run

rub

Words ▸ top 팽이 ▸ mom 엄마 ▸ pot 냄비 ▸ rob 도둑질하다
▸ cut 자르다 ▸ hug 껴안다 ▸ run 달리다 ▸ rub 문지르다

B 그림에 알맞은 단어의 알파벳을 연결하여 단어를 빈칸에 쓰면서 소리 내어 읽어 보세요.

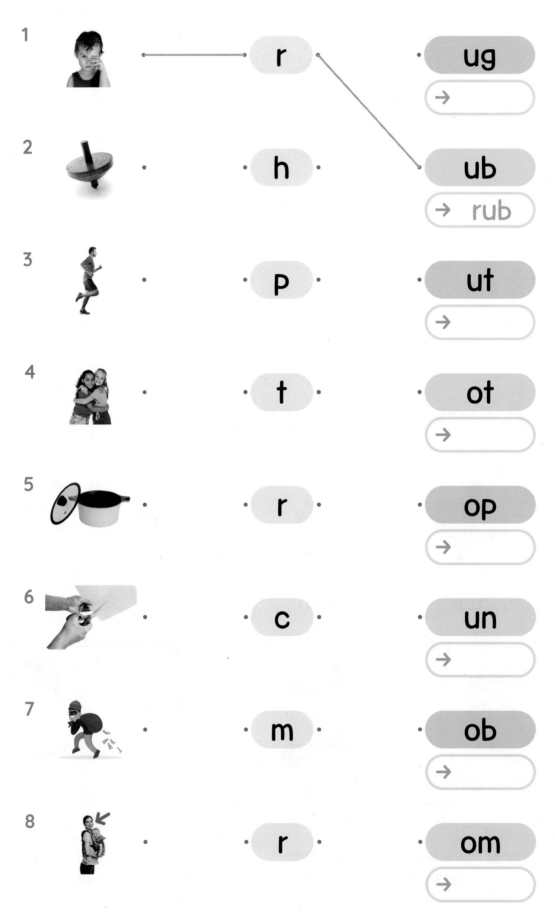

1   r   ug
   →

2   h   ub
   → rub

3   p   ut
   →

4   t   ot
   →

5   r   op
   →

6   c   un
   →

7   m   ob
   →

8   r   om
   →

Listen & Choose

C 단어를 듣고, 알맞은 단어와 그림을 골라 ○ 표시를 해 보세요.

1
| top | rob |

2
| hug | rub |

3
| run | pot |

4
| mom | cut |

Choose & Write

D 알파벳을 배열하여 그림에 알맞은 단어를 노트에 써 보세요.

1
g
u h

2
t
c
u

3
o
p
t

4
n
r u

A 빈칸에 알맞은 알파벳을 **보기**에서 골라 그림이 나타내는 단어를 완성해 보세요.

보기

a   e   i   o   u

1   t☐n

2   s☐t

3   s☐d

4   k☐d

5   m☐p

6   m☐m

7   c☐n

8   p☐t

9   r☐b

10   h☐g

11   m☐ss

12   h☐p

위의 그림판을 모두 완성했나요? 단어의 모음 소리에
유의하면서 소리 내어 단어를 읽어 보세요.

B   단어를 듣고, 단어에 포함된 모음 소리를 찾아 ○ 표시를 해 보세요.

1

a e i o u

2

a e i o u

3

a e i o u

C   단어를 듣고, 모음 소리가 같은 단어끼리 빈칸에 써 보세요.

a	e	i	o	u
bag				

D   그림에 알맞은 단어를 써서 표현을 완성해 보세요.

1 the 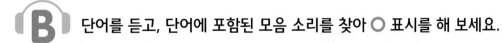 in the

→ the   in the

2 the   of the

→ the   of the

장모음 a

그림을 보고 알맞은 알파벳을 찾아 ◯ 표시를 한 후 단어를 쓰면서 읽어 보세요.

1

| ug | ut |

c _ _

2

| ot | op |

p _ _

3

| ob | ot |

r _ _

4

| un | om |

m _ _

5

| ut | ub |

r _ _

6

| ot | ug |

h _ _

7

| ub | un |

r _ _

8

| ob | op |

t _ _

장모음 a

알파벳 이름과 비슷하게 긴 소리로 나는 모음을 **'장모음'**이라고 해요.
⟨a+자음+e⟩ 형태의 단어에서 a는 **[에이-]**에 가까운 소리로 길게 발음하고 e는 발음하지 않아요.

A 단어를 듣고, 소리 내어 두 번씩 따라 말해 보세요.

page

tape

cake

face

cane

maze

vase

mate

Words
- page 페이지, 쪽
- tape 테이프
- cake 케이크
- face 얼굴
- cane 지팡이
- maze 미로
- vase 꽃병
- mate 친구

B

그림에 알맞은 단어의 알파벳을 연결하여 단어를 빈칸에 쓰면서 소리 내어 읽어 보세요.

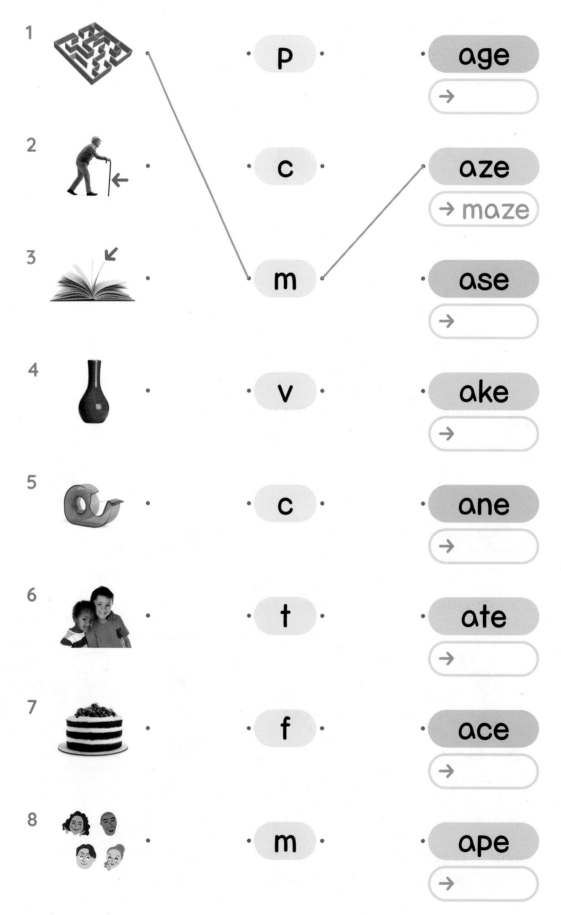

1

p

age

→

2

c

aze

→ maze

3

m

ase

→

4

v

ake

→

5

c

ane

→

6

t

ate

→

7

f

ace

→

8

m

ape

→

138

단어를 듣고, 알맞은 단어와 그림을 골라 ◯ 표시를 해 보세요.

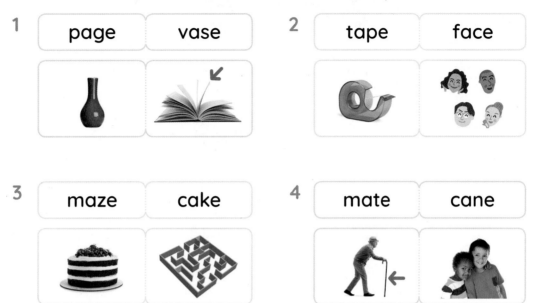

1

| page | vase |

2

| tape | face |

3

| maze | cake |

4

| mate | cane |

Choose & Write

D 알파벳을 배열하여 그림에 알맞은 단어를 노트에 써 보세요.

1

v e
a s

2

a c
k e

3

p t
e a

4

e a
m t

37 장모음 **e**

배운 내용 복습해요

그림을 보고 알맞은 알파벳을 찾아 ◯ 표시를 한 후 단어를 쓰면서 읽어 보세요.

1
| ake | ase |
v ___

2
| ape | ane |
t ___

3
| ate | aze |
m ___

4
| age | ace |
f ___

5
| ace | age |
p ___

6
| ane | ape |
c ___

7
| ase | aze |
m ___

8
| ake | ate |
c ___

장모음

e가 연달아 쓰인 ee 형태의 모음은 [이-]에 가까운 소리로 길게 발음해요. 입술을 양옆으로 당기면서 소리를 내 보세요.
we 또는 eve처럼 e가 한 번 쓰이지만 [이-]하고 길게 발음하는 경우도 있어요.

 단어를 듣고, 소리 내어 두 번씩 따라 말해 보세요.

bee

three

green

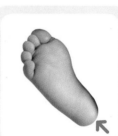
heel

seed

cheek

creep

beef

Words
> bee 벌
> three 셋, 삼
> green 녹색
> heel 발뒤꿈치
> seed 씨앗
> cheek 뺨, 볼
> creep 기다
> beef 소고기

B 그림에 알맞은 단어의 알파벳을 연결하여 단어를 빈칸에 쓰면서 소리 내어 읽어 보세요.

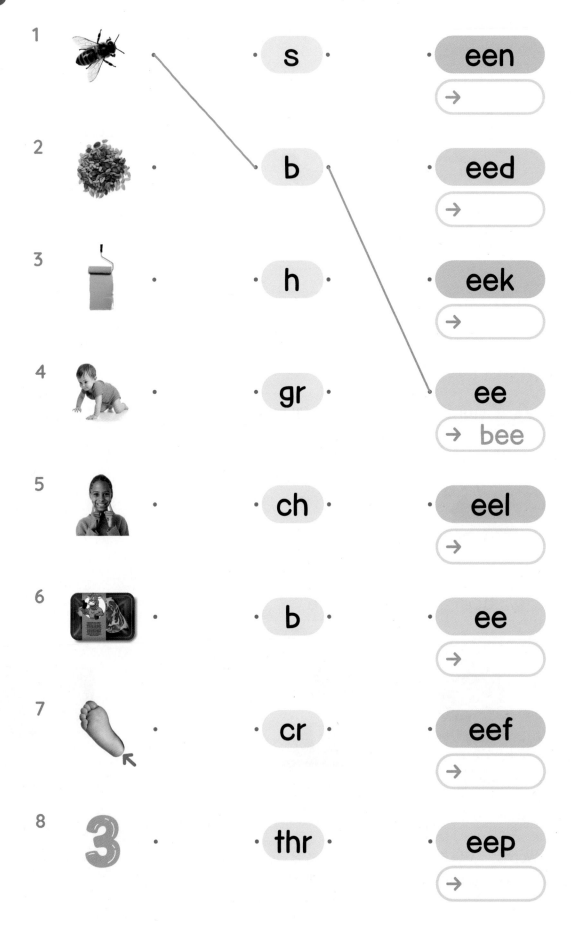

1 · s · · een
→

2 · · b · eed
→

3 · · h · eek
→

4 · · gr · ee
→ bee

5 · · ch · eel
→

6 · · b · ee
→

7 · · cr · eef
→

8 · · thr · eep
→

C 단어를 듣고, 알맞은 단어와 그림을 골라 ○ 표시를 해 보세요.

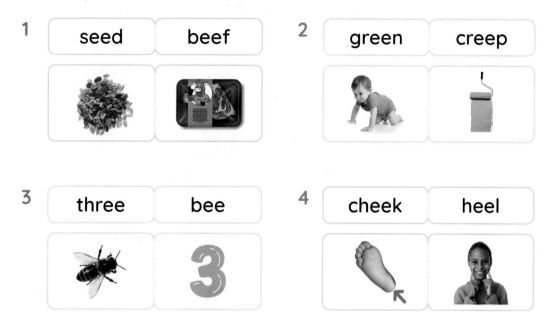

1 | seed | beef |

2 | green | creep |

3 | three | bee |

4 | cheek | heel |

D 알파벳을 배열하여 그림에 알맞은 단어를 노트에 써 보세요.

1 g n e e r

2 e s d e

3 e l h e

4 e e b

143

38 장모음 i

배운 내용 복습해요

그림을 보고 알맞은 알파벳을 찾아 ○ 표시를 한 후 단어를 쓰면서 읽어 보세요.

1   eep   eed
cr ___

2   een   eek
ch ___

3   eef   eel
h ___

4   een   eep
gr ___

5   ea   ee
thr __

6   ee   ea
b ___

7   eek   eed
s ___

8   eef   eel
b ___

장모음 i

〈i+자음+e〉 형태의 단어에서 i는 [아이-]에 가까운 소리로 길게 발음하고 e는 발음하지 않아요.

 단어를 듣고, 소리 내어 두 번씩 따라 말해 보세요.

bike

kite

hide

line

dive

rice

tire

pipe

Words
> bike 자전거
> kite 연
> hide 숨다
> line 선
> dive 다이빙하다
> rice 쌀, 밥
> tire 타이어
> pipe 파이프

B 그림에 알맞은 단어의 알파벳을 연결하여 단어를 빈칸에 쓰면서 소리 내어 읽어 보세요.

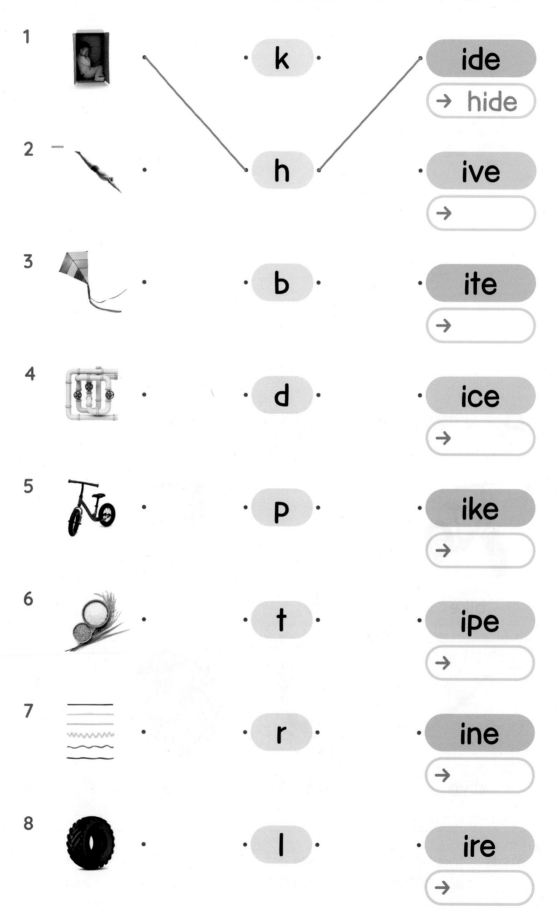

1

k

ide

→ hide

2

h

ive

→

3

b

ite

→

4

d

ice

→

5

P

ike

→

6

t

ipe

→

7

r

ine

→

8

l

ire

→

Listen & Choose

C 단어를 듣고, 알맞은 단어와 그림을 골라 ◯ 표시를 해 보세요.

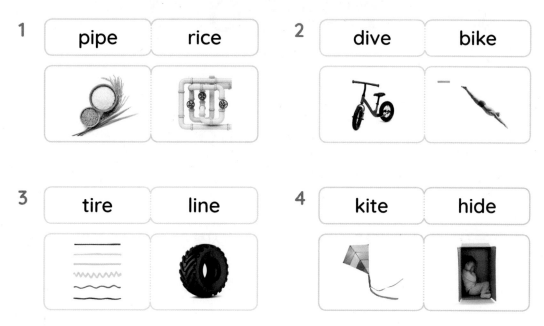

1
pipe | rice

2
dive | bike

3
tire | line

4
kite | hide

Choose & Write

D 알파벳을 배열하여 그림에 알맞은 단어를 노트에 써 보세요.

1 
e t
i k

2 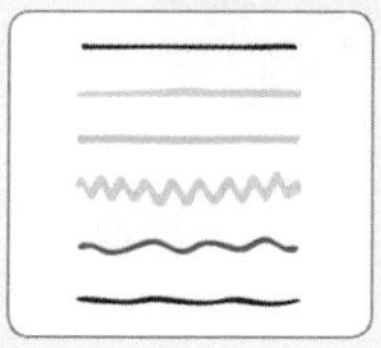
n i
l e

3 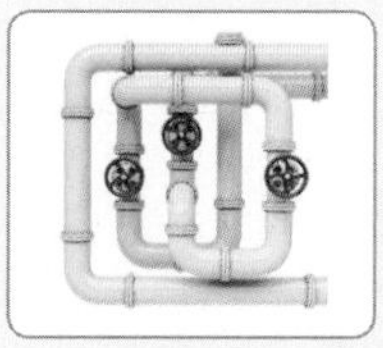
p e
i p

4 
e b
k i

39 장모음 o, u

배운 내용 복습해요

그림을 보고 알맞은 알파벳을 찾아 ○ 표시를 한 후 단어를 쓰면서 읽어 보세요.

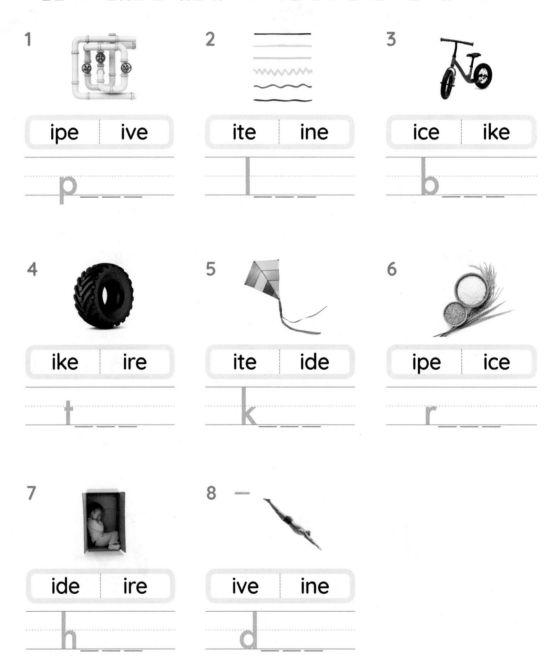

1

| ipe | ive |

p _ _ _

2

| ite | ine |

l _ _ _

3

| ice | ike |

b _ _ _

4

| ike | ire |

t _ _ _

5

| ite | ide |

k _ _ _

6

| ipe | ice |

r _ _ _

7

| ide | ire |

h _ _ _

8

| ive | ine |

d _ _ _

장모음 O

▶ ⟨o+자음+e⟩ 형태의 단어에서 o는 [오우-]에 가까운 소리로 길게 발음해요.

장모음 u

▶ ⟨u+자음+e⟩ 형태의 단어에서 u는 [유-]에 가까운 소리로 길게 발음해요.

 단어를 듣고, 소리 내어 두 번씩 따라 말해 보세요.

cone

hose

rope

code

tube

mule

huge

dune

Words
- cone 콘, 원뿔
- hose 호스
- rope 밧줄
- code 코드, 부호
- tube 튜브
- mule 노새
- huge 거대한
- dune 모래 언덕

B

그림에 알맞은 단어의 알파벳을 연결하여 단어를 빈칸에 쓰면서 소리 내어 읽어 보세요.

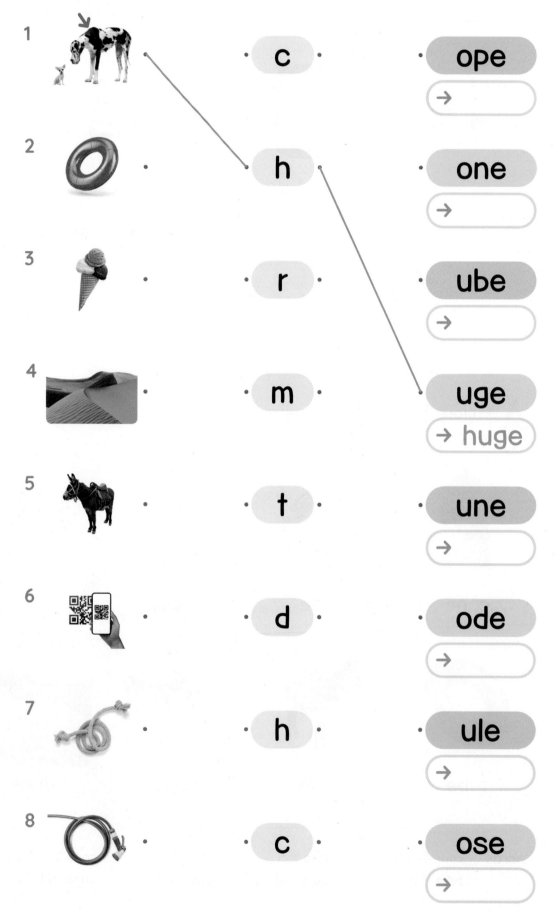

1 · c · ope →

2 · h · one →

3 · r · ube →

4 · m · uge → huge

5 · t · une →

6 · d · ode →

7 · h · ule →

8 · c · ose →

Listen & Choose

단어를 듣고, 알맞은 단어와 그림을 골라 ○ 표시를 해 보세요.

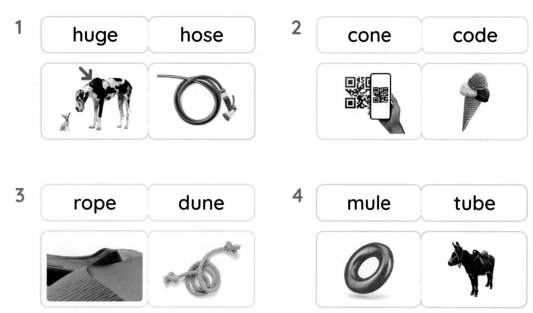

1
| huge | hose |

2
| cone | code |

3
| rope | dune |

4
| mule | tube |

Choose & Write

D 알파벳을 배열하여 그림에 알맞은 단어를 노트에 써 보세요.

1   e o   p r

2   h e   s o

3   o n   c e

4   b t   e u

A 빈칸에 알맞은 알파벳을 보기 에서 골라 그림이 나타내는 단어를 완성해 보세요.

보기

a   e   i   o   u

1 r☐pe

2 s☐ed

3 t☐re

4 r☐ce

5 v☐se

6 h☐se

7 t☐be

8 c☐ke

9 b☐e

10 h☐el

11 h☐ge

12 k☐te

위의 그림판을 모두 완성했나요? 단어의 모음 소리에
유의하면서 소리 내어 단어를 읽어 보세요.

B 단어를 듣고, 단어에 포함된 모음 소리를 찾아 ◯ 표시를 해 보세요.

1

a e i o u

2

a e i o u

3

a e i o u

C 단어를 듣고, 모음 소리가 같은 단어끼리 빈칸에 써 보세요.

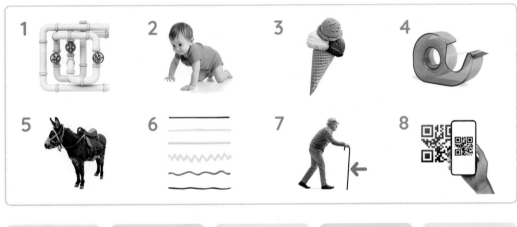

1   2   3   4

5   6   7   8

a	e	i	o	u
tape				

D 그림에 알맞은 단어를 써서 표현을 완성해 보세요.

1   in the

→ in the

2   into the

→ into the

실력 Test

01 - 30 알파벳 소리

A 그림을 보고, 첫소리에 알맞은 알파벳을 찾아 ○ 표시를 해 보세요.

1 c b e	**2** l k d	**3** p y c
4 y l j	**5** c t x	**6** r z a
7 o s m	**8** w c a	**9** b e a
10 h f d	**11** u k l	**12** z u a
13 t m b	**14** b f t	**15** x n a

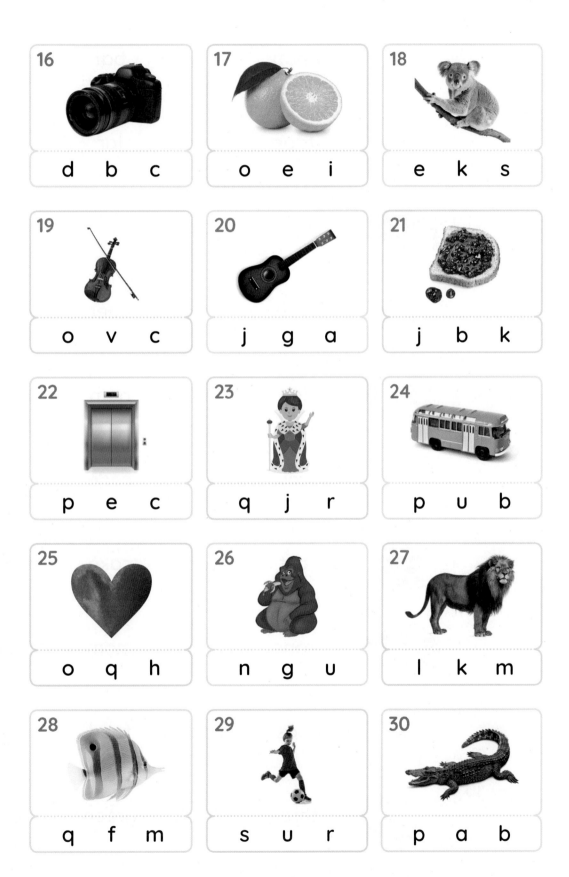

16	17	18
d b c	o e i	e k s

19	20	21
o v c	j g a	j b k

22	23	24
p e c	q j r	p u b

25	26	27
o q h	n g u	l k m

28	29	30
q f m	s u r	p a b

실력 Test

31 - 40 모음

B 그림을 보고, 알맞은 단어를 찾아 ○ 표시를 한 후 단어를 소리 내어 읽어 보세요.

1. map   car   bat   page

2. tape   dance   jar   cane

3. rib   sit   kite   bin

4. bird   bike   tiger   kick

5. leg   seed   gem   ten

6. dog   top   code   hose

7. cat   sad   cake   maze

8. rope   pot   mom   cookie

9. goose   cone   food   rob

10. three   cheek   green   bell

11		candy	lab	bag	vase
12		line	hip	pipe	rim
13		puppy	cut	mule	run
14		tire	kid	hide	river
15		pet	red	beef	mess
16		dune	hug	tube	quick
17		ram	face	pants	mate
18		web	heel	creep	bee
19		rabbit	sand	gas	can
20		six	kiwi	wig	dive

실력 Test

01 - 40 총정리

C 그림을 보고, 단어와 문장을 완성해 보세요.

Step 1 그림을 보고, 빈칸에 알맞은 알파벳을 써 보세요.

1 ☐rrow	2 ☐ecklace	3 ☐nion
4 ☐nsect	5 ☐awn	6 ☐oodle
7 ☐uts	8 ☐xit	9 ☐mbrella
10 ☐emon	11 ☐ice	12 ☐pple
13 ☐un	14 ☐anda	15 ☐ose
16 ☐stronaut	17 ☐atermelon	18 ☐ire
19 ☐ry	20 ☐ouse	21 ☐nk

Step 2 그림이 나타내는 단어의 첫소리 알파벳을 빈칸에 써 보세요.

22
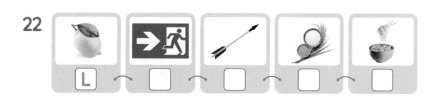
L ⌒ ☐ ⌒ ☐ ⌒ ☐ ⌒ ☐

23

p ⌒ ☐ ⌒ ☐ ⌒ ☐ ⌒ ☐ ⌒ ☐ ⌒ ☐

24   25

i ⌒ ☐   a   f ⌒ ☐ ⌒ ☐

26

w ⌒ ☐ ⌒ ☐

Step 3 위에 쓴 알파벳을 아래에 차례로 써서 문장을 완성한 후 소리 내어 읽어 보세요.

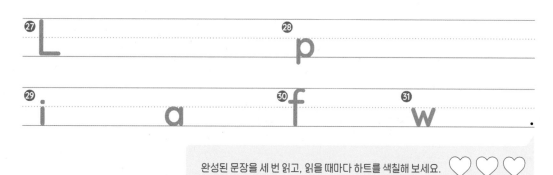

㉗ L ㉘ p

㉙ i ㉚ a ㉛ f w .

완성된 문장을 세 번 읽고, 읽을 때마다 하트를 색칠해 보세요. ♡ ♡ ♡

memo

완자

공부력

정답

파닉스

초등 영어

1

1-2학년

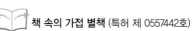

책 속의 가접 별책 (특허 제 0557442호)

'정답'은 진도책에서 쉽게 분리할 수 있도록 제작되었으므로
유통 과정에서 분리될 수 있으나 파본이 아닌 정상 제품입니다.

visang

완자

공부력

초등 영어
파닉스1

· · · ·

정답

완자 공부력 가이드

완자 공부력 시리즈는
앞으로도 계속 출간될 예정입니다.

국어 맞춤법 바로 쓰기
1~2학년용
4책

쓰기력

전과목 어휘
1~6학년용
12책

전과목 한자 어휘
1~6학년용
12책

영어 파닉스
1~2학년용
2책

영어 영단어
3~6학년용
8책

어휘력

국어 독해
1~6학년용
12책

한국사 독해 인물편
3~6학년용
4책

한국사 독해 시대편
3~6학년용
4책

독해력

수학 계산
1~6학년용
12책

계산력

완자 공부력 시리즈로 공부 근육을 키워요!

매일 성장하는
초등 자기개발서
ⓦ 완자
공부력

학습의 기초가 되는 읽기, 쓰기, 셈하기와 관련된

공부력을 키워야 여러 교과를 터득하기 쉬워집니다.

또한 어휘력과 독해력, 쓰기력, 계산력을 바탕으로 한

'공부력'은 자기주도 학습으로 상당한 단계까지 올라갈 수 있는

밑바탕이 되어 줍니다. 그래서 매일 꾸준한 학습이 가능한 '완자

공부력 시리즈'로 공부하면 자기주도 학습이 가능한 튼튼한 공부

근육을 키울 수 있을 것이라 확신합니다.

효과적인 공부력 강화 계획을 세워요!

○ 학년별 공부 계획
내 학년에 맞게 꾸준하게 공부 계획을 세워요!

		1-2학년	3-4학년	5-6학년
기본	독해	국어 독해 1A 1B 2A 2B	국어 독해 3A 3B 4A 4B	국어 독해 5A 5B 6A 6B
	계산	수학 계산 1A 1B 2A 2B	수학 계산 3A 3B 4A 4B	수학 계산 5A 5B 6A 6B
	어휘	전과목 어휘 1A 1B 2A 2B	전과목 어휘 3A 3B 4A 4B	전과목 어휘 5A 5B 6A 6B
		파닉스 1 2	영단어 3A 3B 4A 4B	영단어 5A 5B 6A 6B
확장	어휘	전과목 한자 어휘 1A 1B 2A 2B	전과목 한자 어휘 3A 3B 4A 4B	전과목 한자 어휘 5A 5B 6A 6B
	쓰기	맞춤법 바로 쓰기 1A 1B 2A 2B		
	독해		한국사 독해 인물편 1 2 3 4	
			한국사 독해 시대편 1 2 3 4	

시기별 공부 계획

학기 중에는 **기본**, 방학 중에는 **기본 + 확장**으로 공부 계획을 세워요!

방학 중			
학기 중			
기본			**확장**
독해	계산	어휘	어휘, 쓰기, 독해
국어 독해	수학 계산	전과목 어휘 파닉스(1~2학년) 영단어(3~6학년)	전과목 한자 어휘 맞춤법 바로 쓰기(1~2학년) 한국사 독해(3~6학년)

예시 **초1 학기 중 공부 계획표** 주 5일 하루 3과목 (45분)

월	화	수	목	금
국어 독해	국어 독해	국어 독해	국어 독해	국어 독해
수학 계산	수학 계산	수학 계산	수학 계산	수학 계산
전과목 어휘	파닉스	전과목 어휘	전과목 어휘	파닉스

예시 **초4 방학 중 공부 계획표** 주 5일 하루 4과목 (60분)

월	화	수	목	금
국어 독해	국어 독해	국어 독해	국어 독해	국어 독해
수학 계산	수학 계산	수학 계산	수학 계산	수학 계산
전과목 어휘	영단어	전과목 어휘	전과목 어휘	영단어
한국사 독해 인물편	전과목 한자 어휘	한국사 독해 인물편	전과목 한자 어휘	한국사 독해 인물편

정답

코칭 TIP

● QR코드를 통해 동영상과 음원을 활용하세요.

 학습할 철자 패턴과 대표 단어에 관한 동영상을 통해 올바른 발음 방법을 학습할 수 있습니다.

🎧 학습 활동에 필요한 MP3 음원을 들을 수 있습니다.

● 3선 노트에 맞게 알파벳을 쓸 수 있도록 지도해 주세요.

● 채점을 하고 틀린 문제를 다시 듣고 확인할 수 있도록 도와주세요.

01 알파벳 Aa

[대문자] [소문자]

A a

📹 알파벳 Aa의 이름은 '에이'예요. 대문자는 A, 소문자는 a 또는 α로 쓰고, 우리말의 [애]에 가까운 소리로 발음해요. 입을 양옆으로 벌려 소리를 내 보세요.

✎ 알파벳의 이름을 소리 내어 읽으면서, 대문자와 소문자를 순서대로 따라 써 보세요.

A A

a a

A 알파벳 '에이'의 대문자와 소문자를 모두 찾아 ○ 표시를 해 보세요.

Ⓐ e B ⓐ   g Ⓐ N H
C ⓐ f Ⓐ   o j Ⓐ ⓐ

B [Listen & Speak] 단어를 듣고, 소리 내어 두 번씩 따라 말해 보세요.

11쪽
12쪽
13쪽

apple | ant | album | animal
angry | arrow | alligator | astronaut

Words ▸ apple 사과 ▸ ant 개미 ▸ album 앨범 ▸ animal 동물
▸ angry 화난 ▸ arrow 화살 ▸ alligator 악어 ▸ astronaut 우주 비행사

C [Choose & Check] 첫소리가 [애]로 소리 나는 단어의 그림을 모두 찾아 ✓ 표시를 해 보세요.

1 ✓   □   ✓

2 ✓   ✓   □

D [Listen & Choose] 단어를 듣고, 첫소리가 다른 단어의 그림을 찾아 ○ 표시를 해 보세요.

1

2

E [Choose & Write] 그림에 알맞은 단어의 알파벳을 찾은 후 노트에 써 보세요.

1 a m a n Ⓐⓡⓡⓞw i c
   arrow

2 e Ⓐⓝⓘⓜⓐⓛ c b a d
   animal

3 b u e a i r p Ⓐⓝⓣ e
   ant

4 i a p Ⓐⓝⓖⓡⓨ a e y
   angry

6

그림에 알맞은 단어를 연결한 후 단어를 쓰면서 소리 내어 읽어 보세요.

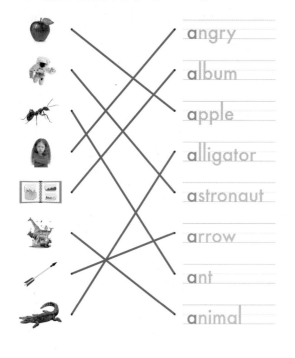

angry

album

apple

alligator

astronaut

arrow

ant

animal

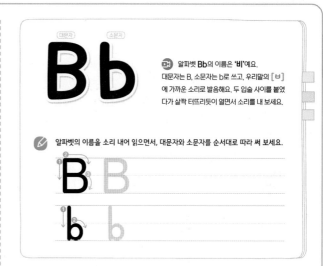

대문자   소문자

Bb

알파벳 **Bb**의 이름은 '**비**'예요. 대문자는 B, 소문자는 b로 쓰고, 우리말의 [ㅂ]에 가까운 소리로 발음해요. 두 입술 사이를 붙였다가 살짝 터뜨리듯이 열면서 소리를 내 보세요.

알파벳의 이름을 소리 내어 읽으면서, 대문자와 소문자를 순서대로 따라 써 보세요.

B   B

b   b

A 알파벳 '비'의 대문자와 소문자를 모두 찾아 ○ 표시를 해 보세요.

b w d e   E D B b

v b B R   B G L j

B Listen & Speak
단어를 듣고, 소리 내어 두 번씩 따라 말해 보세요.

ball   bus   book   bird

butterfly   bear   basket   bean

Words ▸ ball 공   ▸ bus 버스   ▸ book 책   ▸ bird 새
▸ butterfly 나비   ▸ bear 곰   ▸ basket 바구니   ▸ bean 콩

C Choose & Check
첫소리가 [ㅂ]로 소리 나는 단어의 그림을 모두 찾아 ✓ 표시를 해 보세요.

1   ✓   ✓

2   ✓   ✓

D Listen & Choose
단어를 듣고, 첫소리가 다른 단어의 그림을 찾아 ○ 표시를 해 보세요.

E Choose & Write
그림에 알맞은 단어의 알파벳을 찾은 후 노트에 써 보세요.

1 b u w d r a b e a n o
bean

2 v b a s k e t b e r t
basket

3 i b u k b a l l r i k
ball

4 n y m b e a r v u g y
bear

정답

O3 알파벳 Cc

그림에 알맞은 단어를 연결한 후 단어를 쓰면서 소리 내어 읽어 보세요.

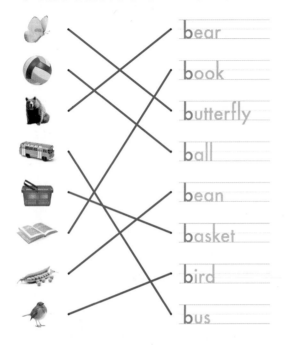

bear

book

butterfly

ball

bean

basket

bird

bus

대문자　소문자

C c

말 알파벳 Cc의 이름은 '씨'예요.
대문자와 소문자의 모양은 같지만 크기가 달라요.
대문자는 C, 소문자는 c로 쓰고, 우리말의 [ㅋ]
에 가까운 소리로 발음해요. 입천장과 혀의 뒷부
분이 맞닿는 곳에서 소리를 내 보세요.

알파벳의 이름을 소리 내어 읽으면서, 대문자와 소문자를 순서대로 따라 써 보세요.

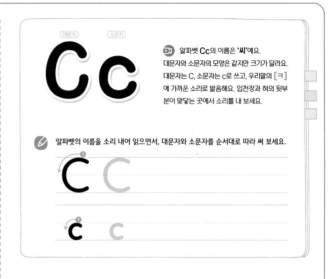

A 알파벳 '씨'의 대문자와 소문자를 모두 찾아 ◯ 표시를 해 보세요.

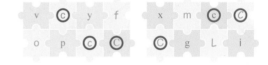

v ⓒ y f　　x m ⓒ Ⓒ

o p Ⓒ Ⓒ　　Ⓒ G L i

B [Listen & Speak] 단어를 듣고, 소리 내어 두 번씩 따라 말해 보세요.

car	cat	cup	camera
candy	carrot	computer	cookie

Words ▸ car 자동차　▸ cat 고양이　▸ cup 컵　▸ camera 사진기
▸ candy 사탕　▸ carrot 당근　▸ computer 컴퓨터　▸ cookie 쿠키

C [Chooes & Check] 첫소리가 [ㅋ]로 소리 나는 단어의 그림을 모두 찾아 ✓ 표시를 해 보세요.

1 ✓　　✓　　☐

2 ☐　　✓　　✓

D [Listen & Choose] 단어를 듣고, 첫소리가 다른 단어의 그림을 찾아 ◯ 표시를 해 보세요.

1　　　　　◯　　

2　◯　　　　　

E [Chooes & Write] 그림에 알맞은 단어의 알파벳을 찾은 후 노트에 써 보세요.

1　　j t c y l e ⓒⓐⓡ n b
car

2　c a v w ⓒⓐⓡⓡⓞⓣ o
carrot

3　k t ⓒⓞⓞⓚⓘⓔ c x e
cookie

4　b c e m q ⓒⓐⓝⓓⓨ i
candy

그림에 알맞은 단어를 연결한 후 단어를 쓰면서 소리 내어 읽어 보세요.

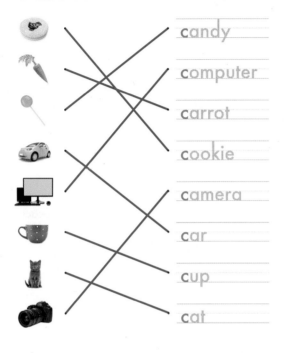

candy

computer

carrot

cookie

camera

car

cup

cat

대문자   소문자

Dd

알파벳 Dd의 이름은 '디'예요.
대문자는 D, 소문자는 d로 쓰고, 우리말의 [ㄷ]
에 가까운 소리로 발음해요. 혀끝을 입천장에
댔다가 떼며 소리를 내 보세요.

알파벳의 이름을 소리 내어 읽으면서, 대문자와 소문자를 순서대로 따라 써 보세요.

D D

d d

22쪽
23쪽

A 알파벳 '디'의 대문자와 소문자를 모두 찾아 ◯ 표시를 해 보세요.

n d F Ⓓ   Ⓓ j m b

B e Ⓓ z   Ⓓ k Ⓓ f

B Listen & Speak
단어를 듣고, 소리 내어 두 번씩 따라 말해 보세요.

dog   dance   duck   doctor

dinner   deer   dinosaur   dice

Words   ▸ dog 개   ▸ dance 춤을 추다   ▸ duck 오리   ▸ doctor 의사
         ▸ dinner 식사   ▸ deer 사슴   ▸ dinosaur 공룡   ▸ dice 주사위

C Choose & Check
첫소리가 [ㄷ]로 소리 나는 단어의 그림을 모두 찾아 ✓ 표시를 해 보세요.

1 ☐   ✓   ✓

2 ✓   ☐   ✓

D Listen & Choose
단어를 듣고, 첫소리가 다른 단어의 그림을 찾아 ◯ 표시를 해 보세요.

1

2

24쪽
25쪽

E Choose & Write
그림에 알맞은 단어의 알파벳을 찾은 후 노트에 써 보세요.

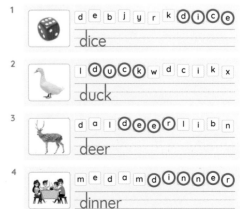

1   d e b j y r k ⒹⒾⒸⒺ

dice

2   l ⒹⓤⒸⓀ w d c i k x

duck

3   d a l ⒹⒺⒺⓇ l i b n

deer

4   m e d a m ⒹⒾⓃⓃⒺⓇ

dinner

9

정답

26쪽
27쪽

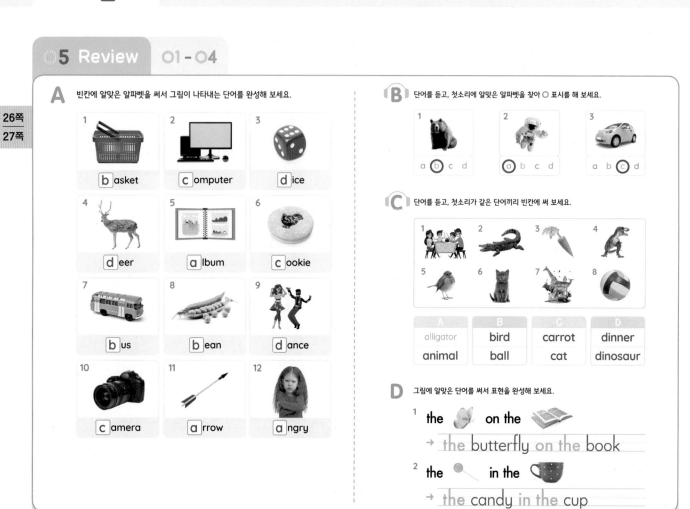

A 빈칸에 알맞은 알파벳을 써서 그림이 나타내는 단어를 완성해 보세요.

1 **b** asket
2 **c** omputer
3 **d** ice
4 **d** eer
5 **a** lbum
6 **c** ookie
7 **b** us
8 **b** ean
9 **d** ance
10 **c** amera
11 **a** rrow
12 **a** ngry

B 단어를 듣고, 첫소리에 알맞은 알파벳을 찾아 ○ 표시를 해 보세요.

1 a ⓑ c d
2 ⓐ b c d
3 a b ⓒ d

C 단어를 듣고, 첫소리가 같은 단어끼리 빈칸에 써 보세요.

A	B	C	D
alligator	bird	carrot	dinner
animal	ball	cat	dinosaur

D 그림에 알맞은 단어를 써서 표현을 완성해 보세요.

1 the 🦋 on the 📖
→ the butterfly on the book

2 the 🍭 in the ☕
→ the candy in the cup

10

그림에 알맞은 단어를 연결한 후 단어를 쓰면서 소리 내어 읽어 보세요.

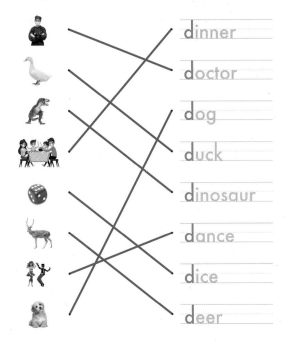

dinner

doctor

dog

duck

dinosaur

dance

dice

deer

대문자   소문자

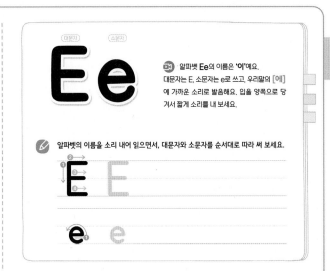

알파벳 Ee의 이름은 '이'에요.
대문자는 E, 소문자는 e로 쓰고, 우리말의 [에]
에 가까운 소리로 발음해요. 입을 양쪽으로 당
겨서 짧게 소리를 내 보세요.

알파벳의 이름을 소리 내어 읽으면서, 대문자와 소문자를 순서대로 따라 써 보세요.

E   E

e   e

A 알파벳 '이'의 대문자와 소문자를 모두 찾아 ○ 표시를 해 보세요.

B Listen & Speak

단어를 듣고, 소리 내어 두 번씩 따라 말해 보세요.

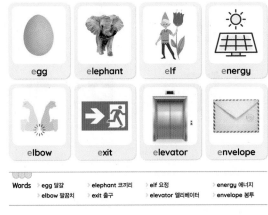

| egg | elephant | elf | energy |

| elbow | exit | elevator | envelope |

Words ▸ egg 달걀   ▸ elephant 코끼리   ▸ elf 요정   ▸ energy 에너지
▸ elbow 팔꿈치   ▸ exit 출구   ▸ elevator 엘리베이터   ▸ envelope 봉투

C Choose & Check

첫소리가 [에]로 소리 나는 단어의 그림을 모두 찾아 ✓ 표시를 해 보세요.

  ✓   ✓

1 ✓

2 ✓   ✓

D Listen & Choose

단어를 듣고, 첫소리가 다른 단어의 그림을 찾아 ○ 표시를 해 보세요.

1

2

E Choose & Write

그림에 알맞은 단어의 알파벳을 찾은 후 노트에 써 보세요.

1   t d ⓔ ⓖ ⓖ h e a y i l

egg

2   i m e z y f ⓔ ⓧ ⓘ ⓣ b

exit

3   u ⓔ ⓛ ⓑ ⓞ ⓦ t k e i m

elbow

4   o b n ⓔ ⓝ ⓔ ⓡ ⓖ ⓨ w c

energy

정답

07 알파벳 Ff

32쪽
33쪽

그림에 알맞은 단어를 연결한 후 단어를 쓰면서 소리 내어 읽어 보세요.

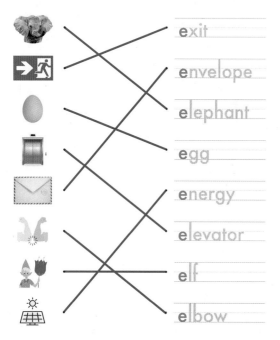

exit

envelope

elephant

egg

energy

elevator

elf

elbow

| 대문자 | 소문자 |

F f

알파벳 **Ff**의 이름은 '**에프**'예요.
대문자는 F, 소문자는 f로 쓰고, 우리말의 [ㅍ]
에 가까운 소리로 발음해요. 윗니를 아랫입술에
댔다가 떼며 '프'하고 소리를 내 보세요.

알파벳의 이름을 소리 내어 읽으면서, 대문자와 소문자를 순서대로 따라 써 보세요.

F　F

f　f

A 알파벳 '에프'의 대문자와 소문자를 모두 찾아 ○ 표시를 해 보세요.

c Ⓕ P ⓕ ⓘ i ⓕ Ⓕ t
b j ⓕ u L G ⓕ k

34쪽
35쪽

B Listen & Speak
단어를 듣고, 소리 내어 두 번씩 따라 말해 보세요.

fish　food　fire　family

football　finger　farmer　feather

Words　▶ fish 물고기　▶ food 음식　▶ fire 불　▶ family 가족
▶ football 축구　▶ finger 손가락　▶ farmer 농부　▶ feather 깃털

C Choose & Check
첫소리가 [ㅍ]로 소리 나는 단어의 그림을 모두 찾아 ✔ 표시를 해 보세요.

1 ☐　✔　✔

2 ✔　☐　✔

D Listen & Choose
단어를 듣고, 첫소리가 다른 단어의 그림을 찾아 ○ 표시를 해 보세요.

1

2

E Choose & Write
그림에 알맞은 단어의 알파벳을 찾은 후 노트에 써 보세요.

1　f a e ⓕⓘⓡⓔ y a r l

fire

2　a ⓕⓔⓐⓣⓗⓔⓡ e f r

feather

3　b m f c ⓕⓞⓞⓓ d f e

food

4　a n f b m ⓕⓐⓜⓘⓛⓨ

family

12

그림에 알맞은 단어를 연결한 후 단어를 쓰면서 소리 내어 읽어 보세요.

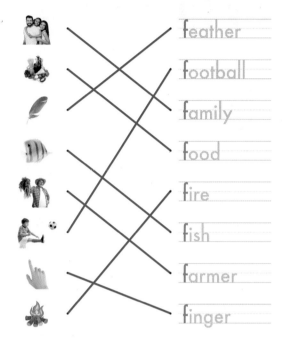

feather

football

family

food

fire

fish

farmer

finger

대문자　소문자

G g

알파벳 **Gg**의 이름은 '쥐'예요. 대문자는 G, 소문자는 g 또는 g로 쓰고 우리말 [ㄱ]에 가까운 소리로 발음해요. 목에 손을 대고 울림을 확인하면서 '그'하고 소리를 내 보세요.

알파벳의 이름을 소리 내어 읽으면서, 대문자와 소문자를 순서대로 따라 써 보세요.

G　G

g　g

A 알파벳 '쥐'의 대문자와 소문자를 모두 찾아 ○ 표시를 해 보세요.

a　(g)　i　(G)　　(G)　h　(g)　V

l　(G)　p　m　　o　y　(g)　(G)

B 〔Listen & Speak〕 단어를 듣고, 소리 내어 두 번씩 따라 말해 보세요.

girl　　gift　　gold　　game

goose　　guitar　　gorilla　　gate

Words　▶ girl 여자아이, 소녀　▶ gift 선물　▶ gold 금　▶ game 게임
　　　　▶ goose 거위　▶ guitar 기타　▶ gorilla 고릴라　▶ gate 대문, 입구

C 〔Choose & Check〕 첫소리가 [ㄱ]로 소리 나는 단어의 그림을 모두 찾아 ✓ 표시를 해 보세요.

1　✔　　✔　　☐

2　☐　　✔　　✔

D 〔Listen & Choose〕 단어를 듣고, 첫소리가 다른 단어의 그림을 찾아 ○ 표시를 해 보세요.

1

2

E 〔Choose & Write〕 그림에 알맞은 단어의 알파벳을 찾은 후 노트에 써 보세요.

1　g o a f (g)(u)(i)(t)(a)(r) b
　guitar

2　a (g)(i)(r)(l) u g h r u l
　girl

3　b m g a (g)(o)(l)(d) i n e
　gold

4　a v l (g)(o)(r)(i)(l)(l)(a) y
　gorilla

O9 알파벳 Hh

40쪽
41쪽

그림에 알맞은 단어를 연결한 후 단어를 쓰면서 소리 내어 읽어 보세요.

gift
girl
gate
gold
game
goose
guitar
gorilla

대문자 소문자

Hh

알파벳 Hh의 이름은 '에이치'예요. 대문자는 H, 소문자는 h로 쓰고, 우리말의 [ㅎ]에 가까운 소리로 발음해요. 입술 사이로 바람이 나가는 느낌으로 '흐'하고 소리를 내 보세요.

알파벳의 이름을 소리 내어 읽으면서, 대문자와 소문자를 순서대로 따라 써 보세요.

H H

h h

A 알파벳 '에이치'의 대문자와 소문자를 모두 찾아 ○ 표시를 해 보세요.

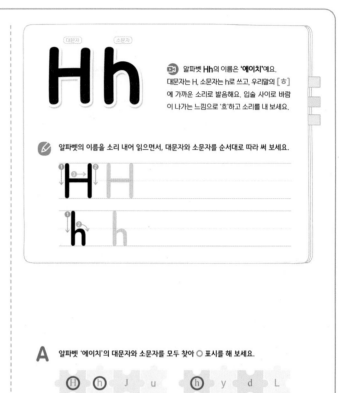

42쪽
43쪽

B Listen & Speak
단어를 듣고, 소리 내어 두 번씩 따라 말해 보세요.

hat	hen	house	horse
hero	heart	hippo	hamburger

Words
> hat 모자   > hen 암탉   > house 집   > horse 말
> hero 영웅   > heart 마음, 감정   > hippo 하마   > hamburger 햄버거

C Choose & Check
첫소리가 [ㅎ]로 소리 나는 단어의 그림을 모두 찾아 ✓ 표시를 해 보세요.

1 ✓   ☐   ✓

2 ✓   ✓   ☐

D Listen & Choose
단어를 듣고, 첫소리가 다른 단어의 그림을 찾아 ○ 표시를 해 보세요.

1

2

E Choose & Write
그림에 알맞은 단어의 알파벳을 찾은 후 노트에 써 보세요.

1   h i e u y t (h)(e)(a)(r)(t)
heart

2   x g a (h)(o)(u)(s)(e) s w e
house

3   b (h)(a)(m)(b)(u)(r)(g)(e)(r) l
hamburger

4   g o p h i e z n (h)(e)(n)
hen

A 빈칸에 알맞은 알파벳을 써서 그림이 나타내는 단어를 완성해 보세요.

1 **f** inger	2 **h** amburger	3 **g** old
4 **e** lf	5 **h** ero	6 **f** ootball
7 **g** irl	8 **h** eart	9 **e** gg
10 **f** armer	11 **e** xit	12 **g** ift

44쪽
45쪽

B 단어를 듣고, 첫소리에 알맞은 알파벳을 찾아 ○ 표시를 해 보세요.

1 e f (g) h

2 e (f) g h

3 (e) f g h

C 단어를 듣고, 첫소리가 같은 단어끼리 빈칸에 써 보세요.

E	F	G	H
elevator	food	gorilla	hat
envelope	fire	guitar	hippo

D 그림에 알맞은 단어를 써서 표현을 완성해 보세요.

1 the [🚪] of the [🏠]
→ the gate of the house

2 the [🪶] of the [🐔]
→ the feather of the hen

정답

11 알파벳 I i

46쪽
47쪽

그림에 알맞은 단어를 연결한 후 단어를 쓰면서 소리 내어 읽어 보세요.

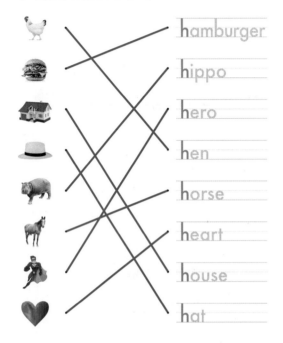

hamburger

hippo

hero

hen

horse

heart

house

hat

대문자 소문자

I i

알파벳 I i의 이름은 **'아이'**예요. 대문자는 I, 소문자는 i로 쓰고, 우리말의 [이]에 가까운 소리로 발음해요. 입에 힘을 빼고 입술을 양옆으로 살짝 벌리면서 가볍게 '이'하고 소리를 내 보세요.

알파벳의 이름을 소리 내어 읽으면서, 대문자와 소문자를 순서대로 따라 써 보세요.

I I

i i

A 알파벳 '아이'의 대문자와 소문자를 모두 찾아 ○ 표시를 해 보세요.

ⓘ ⓘ L A x z ⓘ ⓘ
p b ⓘ e q ⓘ K j

48쪽
49쪽

B Listen & Speak
단어를 듣고, 소리 내어 두 번씩 따라 말해 보세요.

insect igloo ill ink

Italy iguana impala imitate

Words • insect 곤충 • igloo 이글루 • ill 아픈 • ink 잉크
• Italy 이탈리아 • iguana 이구아나 • impala 임팔라 • imitate 흉내 내다

C Choose & Check
첫소리가 [이]로 소리 나는 단어의 그림을 모두 찾아 ✓ 표시를 해 보세요.

1 ✓ ✓ ☐
2 ✓ ☐ ✓

D Listen & Choose
단어를 듣고, 첫소리가 다른 단어의 그림을 찾아 ○ 표시를 해 보세요.

1
2

E Choose & Write
그림에 알맞은 단어의 알파벳을 찾은 후 노트에 써 보세요.

1 h o ⓘ ⓖ ⓤ ⓐ ⓝ ⓐ i d e
iguana

2 i n b ⓘ ⓝ ⓚ e c n e t
ink

3 b i ⓘ ⓖ ⓛ ⓞ ⓞ r g e o
igloo

4 g i y ⓘ ⓝ ⓢ ⓔ ⓒ ⓣ l t
insect

그림에 알맞은 단어를 연결한 후 단어를 쓰면서 소리 내어 읽어 보세요.

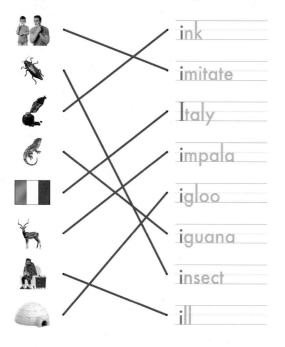

ink

imitate

Italy

impala

igloo

iguana

insect

ill

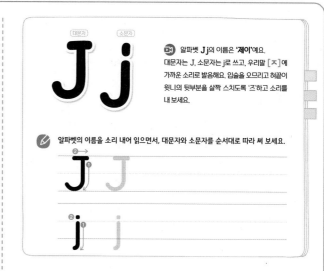

대문자 소문자

J j

알파벳 Jj의 이름은 **'제이'**예요.
대문자는 J, 소문자는 j로 쓰고, 우리말 [ㅈ]에
가까운 소리로 발음해요. 입술을 오므리고 혀끝이
윗니의 뒷부분을 살짝 스치도록 '즈'하고 소리를
내 보세요.

알파벳의 이름을 소리 내어 읽으면서, 대문자와 소문자를 순서대로 따라 써 보세요.

J J

j j

A 알파벳 '제이'의 대문자와 소문자를 모두 찾아 ◯ 표시를 해 보세요.

a ⓙ Ⓙ I | c i w ⓙ
k f g Ⓙ | ⓙ l Ⓙ y

50쪽 / 51쪽

B Listen & Speak
단어를 듣고, 소리 내어 두 번씩 따라 말해 보세요.

| jam | juice | jeans | jogging |
| jacket | jar | jeep | jellyfish |

Words › jam 잼 › juice 주스 › jeans 청바지 › jogging 조깅
› jacket 재킷 › jar (저장용) 유리병 › jeep 지프차 › jellyfish 해파리

C Choose & Check
첫소리가 [ㅈ]로 소리 나는 단어의 그림을 모두 찾아 ✓ 표시를 해 보세요.

1 ☐ ✓ ✓
2 ✓ ✓ ☐

D Listen & Choose
단어를 듣고, 첫소리가 다른 단어의 그림을 찾아 ◯ 표시를 해 보세요.

1
2

E Choose & Write
그림에 맞은 단어의 알파벳을 찾은 후 노트에 써 보세요.

1 i ⓙ ⓐ ⓒ ⓚ ⓔ ⓣ j k l e
jacket

2 k n j b t e t ⓙ ⓔ ⓔ ⓟ
jeep

3 b j a ⓙ ⓤ ⓘ ⓒ ⓔ c e o
juice

4 t i ⓙ ⓞ ⓖ ⓖ ⓘ ⓝ ⓖ l t
jogging

52쪽 / 53쪽

13 알파벳 Kk

그림에 알맞은 단어를 연결한 후 단어를 쓰면서 소리 내어 읽어 보세요.

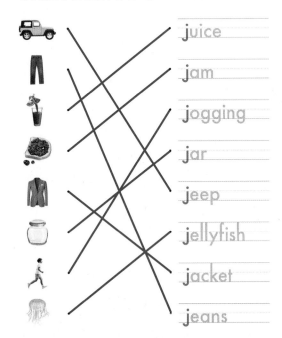

juice

jam

jogging

jar

jeep

jellyfish

jacket

jeans

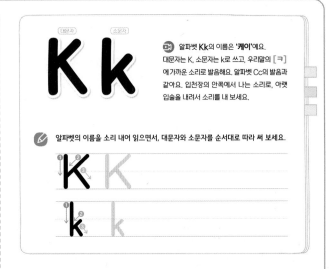

대문자   소문자

K k

🔊 알파벳 Kk의 이름은 '케이'예요.
대문자는 K, 소문자는 k로 쓰고, 우리말의 [ㅋ]
에 가까운 소리로 발음해요. 알파벳 Cc의 발음과
같아요. 입천장의 안쪽에서 나는 소리로, 아랫
입술을 내려서 소리를 내 보세요.

✏️ 알파벳의 이름을 소리 내어 읽으면서, 대문자와 소문자를 순서대로 따라 써 보세요.

K K

k k

A 알파벳 '케이'의 대문자와 소문자를 모두 찾아 ○ 표시를 해 보세요.

t (K) (k) R   (K) e n b

(K) g j s   M (k) i (k)

B [Listen & Speak] 단어를 듣고, 소리 내어 두 번씩 따라 말해 보세요.

key	kiwi	kick	koala
kitten	Korea	kangaroo	kettle

Words ▶ key 열쇠   ▶ kiwi 키위   ▶ kick (발로) 차다   ▶ koala 코알라
▶ kitten 새끼 고양이   ▶ Korea 대한민국   ▶ kangaroo 캥거루   ▶ kettle 주전자

C [Choose & Check] 첫소리가 [ㅋ]로 소리 나는 단어의 그림을 모두 찾아 ✓ 표시를 해 보세요.

D [Listen & Choose] 단어를 듣고, 첫소리가 다른 단어의 그림을 찾아 ○ 표시를 해 보세요.

E [Choose & Write] 그림에 알맞은 단어의 알파벳을 찾은 후 노트에 써 보세요.

1   t k a (k)(o)(a)(l)(a) r y i

koala

2   n m k e t (k)(i)(c)(k) b m

kick

3   k e a j (k)(e)(t)(t)(l)(e) h

kettle

4   h g e i k n r (k)(e)(y) o

key

그림에 알맞은 단어를 연결한 후 단어를 쓰면서 소리 내어 읽어 보세요.

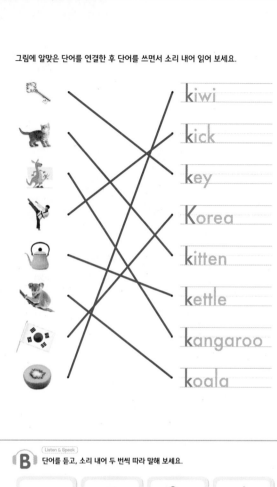

kiwi

kick

key

Korea

kitten

kettle

kangaroo

koala

58쪽
59쪽

L l

[대문자] [소문자]

🔊 알파벳 **L l**의 이름은 **'엘'**이에요. 대문자는 L, 소문자는 l로 쓰고, 우리말의 [ㄹ] 에 가까운 소리로 발음해요. 윗니 뒤의 잇몸에 혀를 댔다가 때면서 소리를 내 보세요.

✏️ 알파벳의 이름을 소리 내어 읽으면서, 대문자와 소문자를 순서대로 따라 써 보세요.

L L

l l

A 알파벳 '엘'의 대문자와 소문자를 모두 찾아 ○ 표시를 해 보세요.

(l) h g j t (L) u (L)

(l) r i (L) y f (l) n

60쪽
61쪽

B [Listen & Speak]
단어를 듣고, 소리 내어 두 번씩 따라 말해 보세요.

lion
lemon
lady
lily

ladder
lizard
log
laugh

Words ▸ lion 사자 ▸ lemon 레몬 ▸ lady 숙녀 ▸ lily 백합
▸ ladder 사다리 ▸ lizard 도마뱀 ▸ log 통나무 ▸ laugh (소리 내어) 웃다

D [Listen & Choose]
단어를 듣고, 첫소리가 다른 단어의 그림을 찾아 ○ 표시를 해 보세요.

1

2

E [Choose & Write]
그림에 알맞은 단어의 알파벳을 찾은 후 노트에 써 보세요.

1 l y b (l)(a)(d)(d)(e)(r) r e
ladder

2 o l a t p (l)(i)(o)(n) m i
lion

3 r i l a v b (l)(i)(l)(y) e
lily

4 p (l)(i)(z)(a)(r)(d) t r l u
lizard

C [Choose & Check]
첫소리가 [ㄹ]로 소리 나는 단어의 그림을 모두 찾아 ✓ 표시를 해 보세요.

1 ☐ ✓ ✓

2 ✓ ☐ ✓

정답

62쪽
63쪽

A 빈칸에 알맞은 알파벳을 써서 그림이 나타내는 단어를 완성해 보세요.

1 **j** acket	2 **k** oala	3 **l** ily
4 **l** adder	5 **j** eep	6 **i** nsect
7 **i** mitate	8 **k** ick	9 **j** uice
10 **k** iwi	11 **i** ll	12 **l** ady

B 단어를 듣고, 첫소리에 알맞은 알파벳을 찾아 ○ 표시를 해 보세요.

1 i (k) l
2 i (j) k l
3 (i) j k l

C 단어를 듣고, 첫소리가 같은 단어끼리 빈칸에 써 보세요.

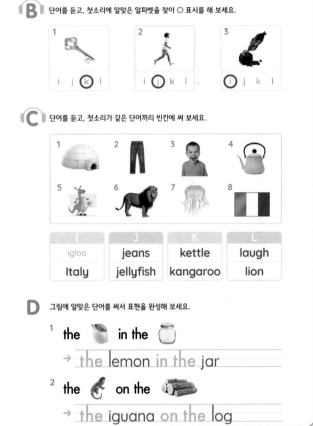

I	J	K	L
igloo	jeans	kettle	laugh
Italy	jellyfish	kangaroo	lion

D 그림에 알맞은 단어를 써서 표현을 완성해 보세요.

1 the ▢ in the ▢
→ the lemon in the jar

2 the ▢ on the ▢
→ the iguana on the log

20

그림에 알맞은 단어를 연결한 후 단어를 쓰면서 소리 내어 읽어 보세요.

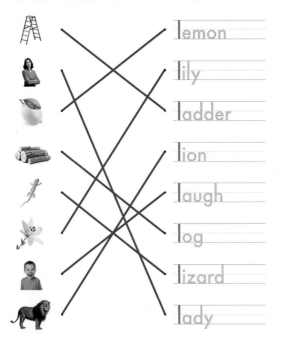

lemon
lily
ladder
lion
laugh
log
lizard
lady

64쪽
65쪽

(대문자) (소문자)

Mm

알파벳 Mm의 이름은 '엠'이에요. 대문자는 M, 소문자는 m으로 쓰고, 우리말의 [ㅁ]에 가까운 소리로 발음해요. '음' 소리를 낼 때처럼 입술을 붙였다 떼며 소리를 내 보세요.

알파벳의 이름을 소리 내어 읽으면서, 대문자와 소문자를 순서대로 따라 써 보세요.

A 알파벳 '엠'의 대문자와 소문자를 모두 찾아 ○ 표시를 해 보세요.

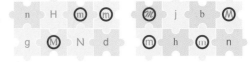

B (Listen & Speak) 단어를 듣고, 소리 내어 두 번씩 따라 말해 보세요.

| mirror | monkey | medal | melon |
| magic | mug | mailbox | mushroom |

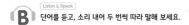

Words ▸ mirror 거울 ▸ monkey 원숭이 ▸ medal 메달 ▸ melon 멜론
▸ magic 마술, 마법 ▸ mug 머그잔 ▸ mailbox 우편함 ▸ mushroom 버섯

C (Choose & Check) 첫소리가 [ㅁ]로 소리 나는 단어의 그림을 모두 찾아 ✓ 표시를 해 보세요.

D (Listen & Choose) 단어를 듣고, 첫소리가 다른 단어의 그림을 찾아 ○ 표시를 해 보세요.

E (Choose & Write) 그림에 알맞은 단어의 알파벳을 찾은 후 노트에 써 보세요.

1 m r e ⓜ ⓔ ⓓ ⓐ ⓛ r s d
medal

2 w n o m h j ⓜ ⓤ ⓖ t i
mug

3 i ⓜ ⓐ ⓖ ⓘ ⓒ n e m a s
magic

4 j m u b k ⓜ ⓞ ⓝ ⓚ ⓔ ⓨ
monkey

정답

17 알파벳 Nn

그림에 알맞은 단어를 연결한 후 단어를 쓰면서 소리 내어 읽어 보세요.

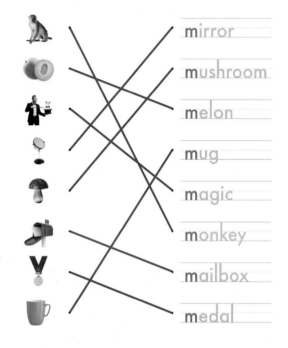

mirror

mushroom

melon

mug

magic

monkey

mailbox

medal

N 알파벳 Nn의 이름은 '엔'이에요. 대문자는 N, 소문자는 n으로 쓰고, 우리말의 [ㄴ]에 가까운 소리로 발음해요. 윗잇몸에 혀를 댔다가 떼며 코로 소리 내는 느낌으로 발음해 보세요.

알파벳의 이름을 소리 내어 읽으면서, 대문자와 소문자를 순서대로 따라 써 보세요.

N N

n n

A 알파벳 '엔'의 대문자와 소문자를 모두 찾아 ○ 표시를 해 보세요.

| m | (n) | (N) | p | (N) | h | j | M |
| y | g | u | (n) | q | (n) | (N) | u |

B Listen & Speak
단어를 듣고, 소리 내어 두 번씩 따라 말해 보세요.

nose   note   net   nail

nuts   necklace   navy   noodle

Words › nose 코   › note 메모   › net 그물, 망   › nail 못
› nuts 견과류   › necklace 목걸이   › navy 해군   › noodle 국수

C Choose & Check
첫소리가 [ㄴ]로 소리 나는 단어의 그림을 모두 찾아 ✓ 표시를 해 보세요.

1 ☐   ✓   ✓

2 ✓   ☐   ✓

D Listen & Choose
단어를 듣고, 첫소리가 다른 단어의 그림을 찾아 ○ 표시를 해 보세요.

E Choose & Write
그림에 알맞은 단어의 알파벳을 찾은 후 노트에 써 보세요.

1 n e b c t (n) (o) (s) (e) a y
nose

2 y u (n) (e) (t) f m a n r h
net

3 j (n) (a) (i) l e h o n k g
nail

4 i n m b (n) (a) (v) (y) e k l
navy

그림에 알맞은 단어를 연결한 후 단어를 쓰면서 소리 내어 읽어 보세요.

n ote

n et

n ose

n uts

n avy

n ail

n oodle

n ecklace

72쪽
73쪽

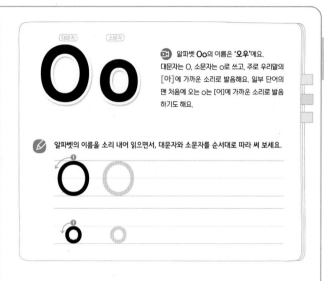

대문자   소문자

어 알파벳 Oo의 이름은 '오우'에요.
대문자는 O, 소문자는 o로 쓰고, 주로 우리말의
[아]에 가까운 소리로 발음해요. 일부 단어의
맨 처음에 오는 o는 [어]에 가까운 소리로 발음
하기도 해요.

알파벳의 이름을 소리 내어 읽으면서, 대문자와 소문자를 순서대로 따라 써 보세요.

O

o

A 알파벳 '오우'의 대문자와 소문자를 모두 찾아 ○ 표시를 해 보세요.

Q ○ p b   j q Q ○

○ d ○ g   o d ○ a

B Listen & Speak
단어를 듣고, 소리 내어 두 번씩 따라 말해 보세요.

o range   o ffice   o ctopus   o x

o live   o strich   o ven   o nion

74쪽
75쪽

Words ▸ orange 오렌지   ▸ office 사무실   ▸ octopus 문어   ▸ ox 황소
          ▸ olive 올리브   ▸ ostrich 타조   ▸ oven 오븐   ▸ onion 양파

C Choose & Check
첫소리가 [아] 또는 [어]로 소리 나는 단어의 그림을 모두 찾아 ✓ 표시를 해 보세요.

1 [아] ☐   ✓   ✓

2 [어] ✓   ☐   ✓

D Listen & Choose
단어를 듣고, 첫소리가 다른 단어의 그림을 찾아 ○ 표시를 해 보세요.

1

2

E Choose & Write
그림에 알맞은 단어의 알파벳을 찾은 후 노트에 써 보세요.

1 i t ⓞ ⓥ ⓔ ⓝ ⓐ p o d m
   oven

2 i p ⓞ ⓛ ⓘ ⓥ ⓔ o e t g
   olive

3 m v o l r ⓞ ⓝ ⓘ ⓞ ⓝ j
   onion

4 a y ⓞ ⓒ t ⓞ ⓟ ⓤ ⓢ p a
   octopus

19 알파벳 Pp

그림에 알맞은 단어를 연결한 후 단어를 쓰면서 소리 내어 읽어 보세요.

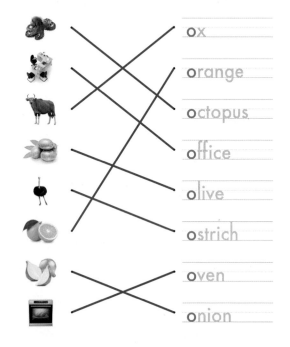

ox

orange

octopus

office

olive

ostrich

oven

onion

대문자 소문자

P p

🔈 알파벳 Pp의 이름은 '**피**'예요. 대문자는 P, 소문자는 p로 쓰고, 우리말의 [ㅍ]에 가까운 소리로 발음해요. 입술을 서로 댔다가 때면서 '프'하고 소리를 내 보세요.

✏️ 알파벳의 이름을 소리 내어 읽으면서, 대문자와 소문자를 순서대로 따라 써 보세요.

P P

p p

A 알파벳 '피'의 대문자와 소문자를 모두 찾아 ◯ 표시를 해 보세요.

q c A ⓟ   ⓟ Q i ⊘

Ⓟ ⓟ v d   g h b Ⓟ

B Listen & Speak
단어를 듣고, 소리 내어 두 번씩 따라 말해 보세요.

puppy   piano   pants   panda

penguin   pear   police   pumpkin

Words ▸ puppy 강아지   ▸ piano 피아노   ▸ pants 바지   ▸ panda 판다
▸ penguin 펭귄   ▸ pear 배   ▸ police 경찰   ▸ pumpkin 호박

C Choose & Check
첫소리가 [ㅍ]로 소리 나는 단어의 그림을 모두 찾아 ✓ 표시를 해 보세요.

1 ✓   ✓   ☐

2 ☐   ✓   ✓

D Listen & Choose
단어를 듣고, 첫소리가 다른 단어의 그림을 찾아 ◯ 표시를 해 보세요.

E Choose & Write
그림에 알맞은 단어의 알파벳을 찾은 후 노트에 써 보세요.

1 p o ⓅⒺⓃⒼⓊⒾⓃ u t
penguin

2 i p j u t e ⓅⓊⓅⓅⓎ
puppy

3 z i p j b ⓅⒺⒶⓇe o
pear

4 g ⓅⓊⓂⓅⓀⒾⓃ c i n
pumpkin

A 빈칸에 알맞은 알파벳을 써서 그림이 나타내는 단어를 완성해 보세요.

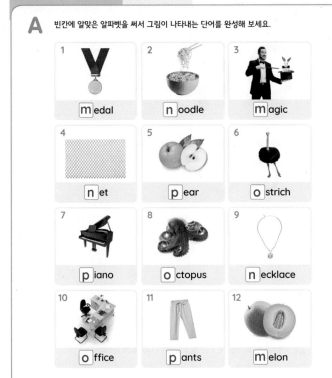

1 m edal	2 n oodle	3 m agic
4 n et	5 p ear	6 o strich
7 p iano	8 o ctopus	9 n ecklace
10 o ffice	11 p ants	12 m elon

80쪽
81쪽

B 단어를 듣고, 첫소리에 알맞은 알파벳을 찾아 ◯ 표시를 해 보세요.

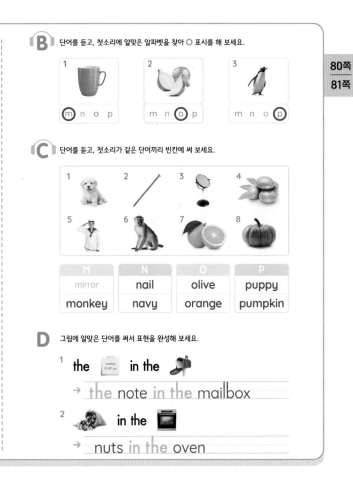

1 (m) n o p

2 m n (o) p

3 m n o (p)

C 단어를 듣고, 첫소리가 같은 단어끼리 빈칸에 써 보세요.

M	N	O	P
mirror	nail	olive	puppy
monkey	navy	orange	pumpkin

D 그림에 알맞은 단어를 써서 표현을 완성해 보세요.

1 the ___ in the ___
→ the note in the mailbox

2 ___ in the ___
→ nuts in the oven

정답

21 알파벳 Qq

82쪽
83쪽

그림에 알맞은 단어를 연결한 후 단어를 쓰면서 소리 내어 읽어 보세요.

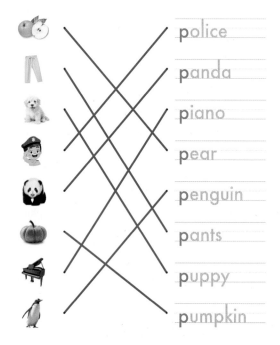

police
panda
piano
pear
penguin
pants
puppy
pumpkin

대문자　소문자

Qq

설명 알파벳 Qq의 이름은 '큐'예요. 대문자는 Q, 소문자는 q로 쓰고, 우리말의 [ㅋ]에 가까운 소리로 발음해요. q 뒤에는 대체로 u가 뒤따르는 경우가 많으며, 이때 qu의 형태로 [쿠]에 가까운 소리가 나요.

알파벳의 이름을 소리 내어 읽으면서, 대문자와 소문자를 순서대로 따라 써 보세요.

Q Q

q q

A 알파벳 '큐'의 대문자와 소문자를 모두 찾아 ○ 표시를 해 보세요.

| p | o | g | **q** | | d | P | b | **q** |
| h | **Q** | c | **q** | | O | i | **q** | **Q** |

84쪽
85쪽

B [Listen & Speak] 단어를 듣고, 소리 내어 두 번씩 따라 말해 보세요.

queen　quick　quiet　question

quiz　quarter　quilt　quarrel

Words ▸ queen 여왕　▸ quick 빠른　▸ quiet 조용한　▸ question 질문
▸ quiz 퀴즈, 시험　▸ quarter 4분의 1　▸ quilt 누비이불　▸ quarrel (말)다툼

C [Choose & Check] 첫소리가 [ㅋ]로 소리 나는 단어의 그림을 모두 찾아 ✓ 표시를 해 보세요.

1 □ ✓ ✓

2 ✓ ✓ □

D [Listen & Choose] 단어를 듣고, 첫소리가 다른 단어의 그림을 찾아 ○ 표시를 해 보세요.

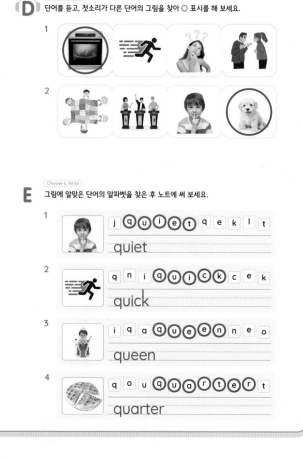

E [Choose & Write] 그림에 알맞은 단어의 알파벳을 찾은 후 노트에 써 보세요.

1 j **q** **u** **i** **e** t q e k l t
quiet

2 q n i **q** **u** **i** **c** **k** c e k
quick

3 i q a **q** **u** **e** **e** **n** n e o
queen

4 q o u **q** **u** **a** **r** **t** **e** **r** t
quarter

그림에 알맞은 단어를 연결한 후 단어를 쓰면서 소리 내어 읽어 보세요.

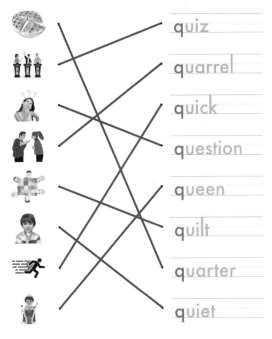

quiz

quarrel

quick

question

queen

quilt

quarter

quiet

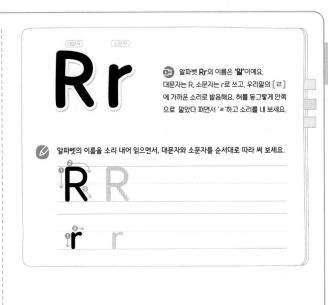

| 대문자 | 소문자 |

R r

알파벳 Rr의 이름은 '알'이에요. 대문자는 R, 소문자는 r로 쓰고, 우리말의 [ㄹ]에 가까운 소리로 발음해요. 혀를 둥그렇게 안쪽으로 말았다 펴면서 'ㄹ'하고 소리를 내 보세요.

알파벳의 이름을 소리 내어 읽으면서, 대문자와 소문자를 순서대로 따라 써 보세요.

R   R

r   r

A 알파벳 '알'의 대문자와 소문자를 모두 찾아 ○ 표시를 해 보세요.

Ⓡ W i a   L Ⓡ s B
Ⓡ h y Ⓡ   E n Ⓡ Ⓡ

B | Listen & Speak |
단어를 듣고, 소리 내어 두 번씩 따라 말해 보세요.

river rabbit rose ribbon

road restroom raincoat recycle

Words ▸ river 강   ▸ rabbit 토끼   ▸ rose 장미   ▸ ribbon 리본
▸ road 길   ▸ restroom 화장실   ▸ raincoat 비옷   ▸ recycle 재활용하다

C | Choose & Check |
첫소리가 [ㄹ]로 소리 나는 단어의 그림을 모두 찾아 ✓ 표시를 해 보세요.

1 ✓   ☐   ✓

2 ☐   ✓   ✓

D | Listen & Choose |
단어를 듣고, 첫소리가 다른 단어의 그림을 찾아 ○ 표시를 해 보세요.

1

2

E | Choose & Write |
그림에 알맞은 단어의 알파벳을 찾은 후 노트에 써 보세요.

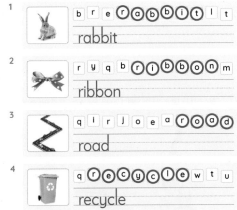

1 b r e Ⓡ Ⓐ Ⓑ Ⓑ Ⓘ Ⓣ l t
rabbit

2 r y q b Ⓡ Ⓘ Ⓑ Ⓑ Ⓞ Ⓝ m
ribbon

3 q l r j o e ᵃ Ⓡ Ⓞ Ⓐ Ⓓ
road

4 q Ⓡ Ⓔ Ⓒ Ⓨ Ⓒ Ⓛ Ⓔ w t u
recycle

23 알파벳 Ss

그림에 알맞은 단어를 연결한 후 단어를 쓰면서 소리 내어 읽어 보세요.

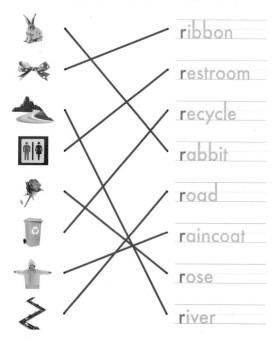

ribbon

restroom

recycle

rabbit

road

raincoat

rose

river

대문자   소문자

S s

알파벳 Ss의 이름은 '에스'예요.
대문자는 S, 소문자는 s로 쓰고, 우리말의 [ㅅ]에
가까운 소리로 발음해요. 윗니에 혀끝을 대고
바람을 살짝 빼 주면서 '스'하고 소리를 내 보세요.

알파벳의 이름을 소리 내어 읽으면서, 대문자와 소문자를 순서대로 따라 써 보세요.

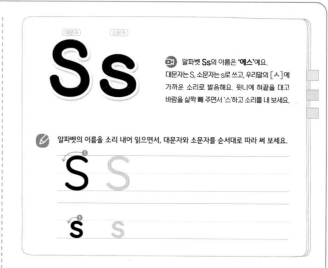

A 알파벳 '에스'의 대문자와 소문자를 모두 찾아 ○ 표시를 해 보세요.

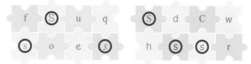

B Listen & Speak
단어를 듣고, 소리 내어 두 번씩 따라 말해 보세요.

sun   sand   sister   soccer

sofa   salt   sandwich   seal

Words ▶ sun 태양   ▶ sand 모래   ▶ sister 언니, 여동생   ▶ soccer 축구
▶ sofa 소파   ▶ salt 소금   ▶ sandwich 샌드위치   ▶ seal 물개

C Choose & Check
첫소리가 [ㅅ]로 소리 나는 단어의 그림을 모두 찾아 ✔ 표시를 해 보세요.

1 ✔   ✔   ☐

2 ✔   ✔   ☐

D Listen & Choose
단어를 듣고, 첫소리가 다른 단어의 그림을 찾아 ○ 표시를 해 보세요.

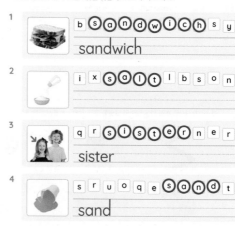

E Choose & Write
그림에 알맞은 단어의 알파벳을 찾은 후 노트에 써 보세요.

1   b s a n d w i c h s y
    sandwich

2   i x s a l t l b s o n
    salt

3   q r s i s t e r n e r
    sister

4   s r u o q e s a n d t
    sand

그림에 알맞은 단어를 연결한 후 단어를 쓰면서 소리 내어 읽어 보세요.

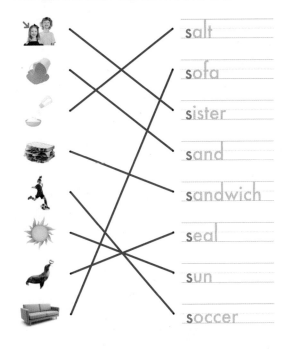

salt

sofa

sister

sand

sandwich

seal

sun

soccer

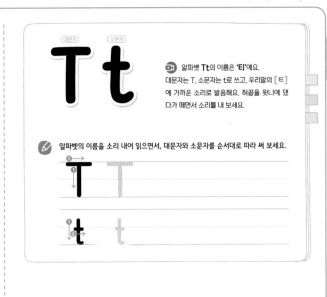

대문자   소문자

T t

알파벳 Tt의 이름은 '티'예요.
대문자는 T, 소문자는 t로 쓰고, 우리말의 [ㅌ]
에 가까운 소리로 발음해요. 혀끝을 윗니에 댔
다가 떼면서 소리를 내 보세요.

94쪽
95쪽

알파벳의 이름을 소리 내어 읽으면서, 대문자와 소문자를 순서대로 따라 써 보세요.

T T

t t

A 알파벳 '티'의 대문자와 소문자를 모두 찾아 ○ 표시를 해 보세요.

t f v q   T i u t
r t T d   p T Y F

B Listen & Speak
단어를 듣고, 소리 내어 두 번씩 따라 말해 보세요.

| tiger | tomato | table | tail |

| tennis | taxi | tooth | ticket |

Words ▸ tiger 호랑이   ▸ tomato 토마토   ▸ table 탁자   ▸ tail 꼬리
       ▸ tennis 테니스   ▸ taxi 택시   ▸ tooth 치아   ▸ ticket 티켓

C Choose & Check
첫소리가 [ㅌ]로 소리 나는 단어의 그림을 모두 찾아 ✔ 표시를 해 보세요.

1   ✔   ✔   □

2 □   ✔   ✔

D Listen & Choose
단어를 듣고, 첫소리가 다른 단어의 그림을 찾아 ○ 표시를 해 보세요.

1

2

96쪽
97쪽

E Choose & Write
그림에 알맞은 단어의 알파벳을 찾은 후 노트에 써 보세요.

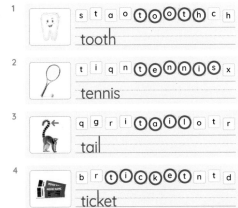

1 s t a o t o o t h c h
   tooth

2 t i q n t e n n i s x
   tennis

3 q g r i t a i l o t r
   tail

4 b r t i c k e t n t d
   ticket

정답

25 Review 21-24

A 빈칸에 알맞은 알파벳을 써서 그림이 나타내는 단어를 완성해 보세요.

1. **q** uarter
2. **r** aincoat
3. **t** ennis
4. **t** ooth
5. **r** iver
6. **s** occer
7. **q** uarrel
8. **s** ister
9. **r** estroom
10. **q** uiet
11. **t** ail
12. **s** un

B 단어를 듣고, 첫소리에 알맞은 알파벳을 찾아 ○ 표시를 해 보세요.

1. q (r) s t
2. q r s (t)
3. q r (s) t

C 단어를 듣고, 첫소리가 같은 단어끼리 빈칸에 써 보세요.

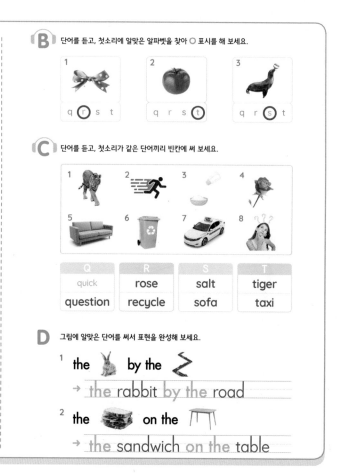

Q	R	S	T
quick	rose	salt	tiger
question	recycle	sofa	taxi

D 그림에 알맞은 단어를 써서 표현을 완성해 보세요.

1. the 🐰 by the 〰

→ the rabbit by the road

2. the 🥪 on the 🪑

→ the sandwich on the table

그림에 알맞은 단어를 연결한 후 단어를 쓰면서 소리 내어 읽어 보세요.

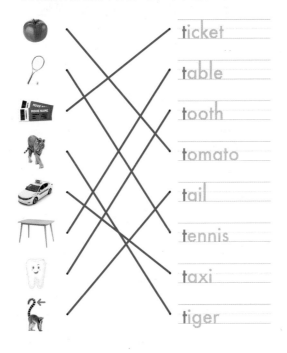

ticket

table

tooth

tomato

tail

tennis

taxi

tiger

대문자 소문자   대문자 소문자

Uu Vv

📣 알파벳 Uu의 이름은 '유'이고, 우리말의 [어]에 가까운 소리로 발음해요. 입을 벌려 턱을 아래로 내리면서 '어'하고 소리 내 보세요.

📣 알파벳 Vv의 이름은 '뷔'이고, 우리말의 [ㅂ]에 가까운 소리로 발음해요. 윗니로 아랫입술을 살짝 깨물면서 '브'하고 소리 내 보세요.

✏️ 알파벳의 이름을 소리 내어 읽으면서, 대문자와 소문자를 순서대로 따라 써 보세요.

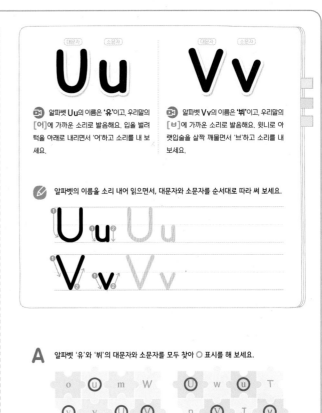

A 알파벳 '유'와 '뷔'의 대문자와 소문자를 모두 찾아 ◯ 표시를 해 보세요.

| o | Ⓤ | m | W | Ⓤ | w | Ⓤ | T |
| Ⓥ | y | Ⓤ | Ⓥ | n | Ⓥ | J | Ⓥ |

B (Listen & Speak) 단어를 듣고, 소리 내어 두 번씩 따라 말해 보세요.

umbrella   up   uncle   umpire

vegetable   violin   vet   volcano

Words ▸ umbrella 우산   ▸ up 위쪽으로   ▸ uncle 삼촌   ▸ umpire 심판
▸ vegetable 채소   ▸ violin 바이올린   ▸ vet 수의사   ▸ volcano 화산

C (Choose & Check) 첫소리가 [어] 또는 [ㅂ]로 소리 나는 단어의 그림을 모두 찾아 ✓ 표시를 해 보세요.

1 [어]

2 [ㅂ]

D (Listen & Choose) 단어를 듣고, 첫소리가 다른 단어의 그림을 찾아 ◯ 표시를 해 보세요.

1

2

E (Choose & Write) 그림에 알맞은 단어의 알파벳을 찾은 후 노트에 써 보세요.

1 i u m a ⓤⓝⓒⓛⓔ a n
uncle

2 s ⓥⓞⓛⓒⓐⓝⓞ i v o
volcano

3 v ⓤⓜⓑⓡⓔⓛⓛⓐ t a
umbrella

4 ⓥⓔⓖⓔⓣⓐⓑⓛⓔ u q
vegetable

27 알파벳 W w, X x

104쪽 105쪽

그림에 알맞은 단어를 연결한 후 단어를 쓰면서 소리 내어 읽어 보세요.

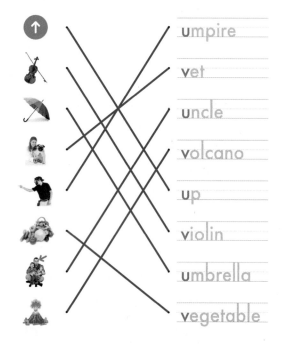

umpire

vet

uncle

volcano

up

violin

umbrella

vegetable

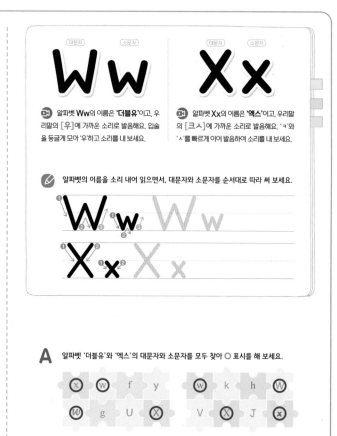

| 대문자 | 소문자 | 대문자 | 소문자 |

W w   X x

🔊 알파벳 Ww의 이름은 '더블유'이고, 우리말의 [우]에 가까운 소리로 발음해요. 입술을 둥글게 모아 '우'하고 소리를 내 보세요.

🔊 알파벳 Xx의 이름은 '엑스'이고, 우리말의 [크ㅅ]에 가까운 소리로 발음해요. 'ㅋ'와 'ㅅ'를 빠르게 이어 발음하여 소리를 내 보세요.

✏️ 알파벳의 이름을 소리 내어 읽으면서, 대문자와 소문자를 순서대로 따라 써 보세요.

W w W w

X x X x

A 알파벳 '더블유'와 '엑스'의 대문자와 소문자를 모두 찾아 ○ 표시를 해 보세요.

ⓧ	ⓦ	f	y		ⓦ	k	h	Ⓦ
Ⓦ	g	U	Ⓧ		V	Ⓧ	J	ⓧ

106쪽 107쪽

B [Listen & Speak] 단어를 듣고, 소리 내어 두 번씩 따라 말해 보세요.

| wife | wet | watch | watermelon |
| box | mix | fox | ax |

Words ▸ wife 아내 ▸ wet 젖은 ▸ watch 시계 ▸ watermelon 수박
▸ box 상자 ▸ mix 섞다 ▸ fox 여우 ▸ ax 도끼

C [Choose & Check] 첫소리가 [우], 또는 끝소리가 [크ㅅ]로 소리 나는 단어의 그림을 모두 찾아 ✓ 표시를 해 보세요.

1 [첫소리] [우] □ ✓ ✓

2 [끝소리] [크ㅅ] ✓ ✓ □

D [Listen & Choose] 단어를 듣고, 첫소리 또는 끝소리가 다른 단어의 그림을 찾아 ○ 표시를 해 보세요.

1 [첫소리]

2 [끝소리]

E [Choose & Write] 그림에 알맞은 단어의 알파벳을 찾은 후 노트에 써 보세요.

1 f q a x o b ⓕ ⓞ ⓧ c h
fox

2 r s ⓦ ⓘ ⓕ ⓔ w e r o n
wife

3 q ⓦ ⓐ ⓣ ⓒ ⓗ t w e c h
watch

4 q r u e s ⓜ ⓘ ⓧ l a x
mix

그림에 알맞은 단어를 연결한 후 단어를 쓰면서 소리 내어 읽어 보세요.

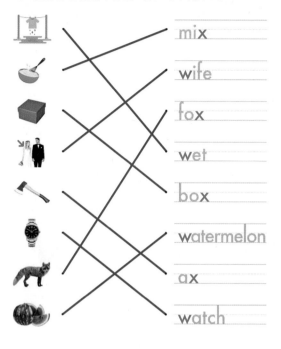

mix

wife

fox

wet

box

watermelon

ax

watch

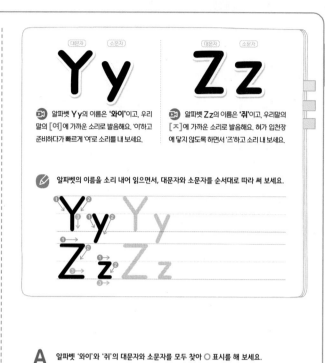

| 대문자 | 소문자 | 대문자 | 소문자 |

Yy Zz

알파벳 Yy의 이름은 '와이'이고, 우리말의 [여]에 가까운 소리로 발음해요. '이'하고 준비하다가 빠르게 '여'로 소리 내 보세요.

알파벳 Zz의 이름은 '쥐'이고, 우리말의 [ㅈ]에 가까운 소리로 발음해요. 혀가 입천장에 닿지 않도록 하면서 '즈'하고 소리 내 보세요.

알파벳의 이름을 소리 내어 읽으면서, 대문자와 소문자를 순서대로 따라 써 보세요.

Yy Yy

Zz Zz

A 알파벳 '와이'와 '쥐'의 대문자와 소문자를 모두 찾아 ○ 표시를 해 보세요.

| Z | t | a | Y | | y | w | Z | v |
| V | U | z | X | | k | z | x | Y |

108쪽
109쪽

B Listen & Speak

단어를 듣고, 소리 내어 두 번씩 따라 말해 보세요.

| yellow | yoga | yogurt | yawn |
| zero | zoo | zebra | zipper |

Words
- yellow 노란색
- yoga 요가
- yogurt 요구르트
- yawn 하품
- zero (숫자) 0
- zoo 동물원
- zebra 얼룩말
- zipper 지퍼

C Choose & Check

첫소리가 [여] 또는 [ㅈ]로 소리 나는 단어의 그림을 모두 찾아 ✓ 표시를 해 보세요.

1 [여] ✓ □ ✓

2 [ㅈ] □ ✓ ✓

D Listen & Choose

단어를 듣고, 첫소리가 다른 단어의 그림을 찾아 ○ 표시를 해 보세요.

1

2

E Choose & Write

그림에 알맞은 단어의 알파벳을 찾은 후 노트에 써 보세요.

1 z a z e z e r o d w x o h

zero

2 i y e l l o w v y c t

yellow

3 w z e b r a z e a b n

zebra

4 q y u i s y a w n e r

yawn

110쪽
111쪽

정답

29 -y로 끝나는 단어

그림에 알맞은 단어를 연결한 후 단어를 쓰면서 소리 내어 읽어 보세요.

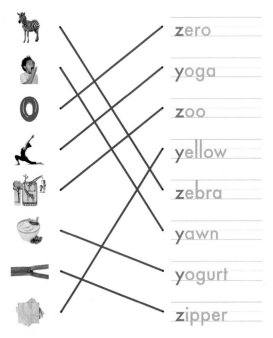

-y로 끝나는 단어의 발음은 두 가지예요. y 앞의 알파벳이 자음으로만 이루어진 짧은 단어는 y를 [아이]로 발음해요. y 앞의 알파벳이 자음과 모음으로 이루어진 긴 단어는 y를 [이]로 발음해요.

A 단어를 듣고, 소리 내어 두 번씩 따라 말해 보세요.

B Check & Write
알파벳을 배열하여 그림에 알맞은 단어를 빈칸에 써 보세요.

C Choose & Check
끝소리가 [아이] 또는 [이]로 소리 나는 단어의 그림을 모두 찾아 ✓ 표시를 해 보세요.

D Listen & Choose
단어를 듣고, 끝소리가 다른 단어의 그림을 찾아 ○ 표시를 해 보세요.

E Choose & Write
그림에 알맞은 단어의 알파벳을 찾은 후 노트에 써 보세요.

A 빈칸에 알맞은 알파벳을 써서 그림이 나타내는 단어를 완성해 보세요.

1 [w]ife

2 [v]iolin

3 fo[x]

4 a[x]

5 [y]awn

6 [z]oo

7 [u]mpire

8 [y]ellow

9 [y]ogurt

10 mi[x]

11 dr[y]

12 [v]egetable

B 단어를 듣고, 첫소리에 알맞은 알파벳을 찾아 ○ 표시를 해 보세요.

1 u w (y) z

2 v (z) u y

3 w v z (u)

C 단어를 듣고, 첫소리가 같은 단어끼리 빈칸에 써 보세요.

1 2 3 4

5 6 7 8

U	V	W	Z
up	volcano	wet	zebra
uncle	vet	watermelon	zero

D 그림에 알맞은 단어를 써서 표현을 완성해 보세요.

1 the 🕐 in the 📦
→ the watch in the box

2 the 👶 on the 🐴
→ the baby on the pony

35

31 단모음 a

118쪽 119쪽

그림에 알맞은 단어를 연결한 후 단어를 쓰면서 소리 내어 읽어 보세요.

pony

dry

cry

sky

city

fly

baby

study

📢 알파벳 이름보다 짧은 소리로 나는 모음을 '단모음'이라고 해요.
단모음 a는 아래턱에 힘을 주고 입을 크게 벌리면서 [애]에 가까운 소리로 발음해요. 단모음 a의 소리가 나는 단어의 알파벳 구성을 잘 살펴보면서 단어들을 듣고 따라 말해 보세요.

단모음 a

A 단어를 듣고, 소리 내어 두 번씩 따라 말해 보세요.

| bat | sad | bag | can |
| map | lab | ram | gas |

Words ▸ bat (야구) 배트   ▸ sad 슬픈   ▸ bag 가방   ▸ can 캔, 깡통
▸ map 지도   ▸ lab 실험실   ▸ ram 숫양   ▸ gas 기체, 가스

120쪽 121쪽

B (Choose & Write)
그림에 알맞은 단어의 알파벳을 연결하여 단어를 빈칸에 쓰면서 소리 내어 읽어 보세요.

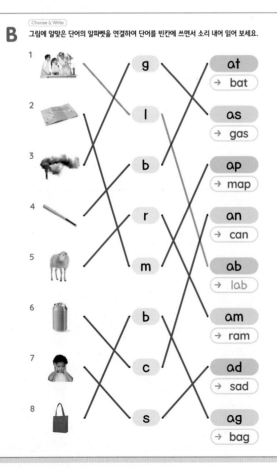

1   g   at → bat
2   l   as → gas
3   b   ap → map
4   r   an → can
5   m   ab → lab
6   b   am → ram
7   c   ad → sad
8   s   ag → bag

C (Listen & Choose)
단어를 듣고, 알맞은 단어와 그림을 골라 ○ 표시를 해 보세요.

1   can (bat)   2   (lab) bag

3   (sad) ram   4   gas (map)

D (Choose & Write)
알파벳을 배열하여 그림에 알맞은 단어를 노트에 써 보세요.

1   a n c   **can**   2   a m r   **ram**

3   g b   **bag**   4   s g a   **gas**

그림을 보고 알맞은 알파벳을 찾아 ○ 표시를 한 후 단어를 쓰면서 읽어 보세요.

1 (ad) at
s a d

2 ap (am)
r a m

3 (as) ag
g a s

4 (ag) am
b a g

5 an (ap)
m a p

6 ad (an)
c a n

7 (ab) as
l a b

8 (at) ad
b a t

단모음 **e**

🔊 단모음 e는 입술을 양옆으로 늘리면서 [에]에 가까운 소리로 발음해요. 단모음 e의 소리가 나는 단어의 알파벳 구성을 잘 살펴보면서 단어들을 듣고 따라 말해 보세요.

122쪽
123쪽

Ⓐ 단어를 듣고, 소리 내어 두 번씩 따라 말해 보세요.

ten   leg   red   pet

web   gem   bell   mess

Words ▸ ten 열, 십   ▸ leg 다리   ▸ red 빨간색   ▸ pet 반려동물
▸ web 거미줄   ▸ gem 보석   ▸ bell 종   ▸ mess 엉망인 상태

B (Choose & Write)
그림에 알맞은 단어의 알파벳을 연결하여 단어를 빈칸에 쓰면서 소리 내어 읽어 보세요.

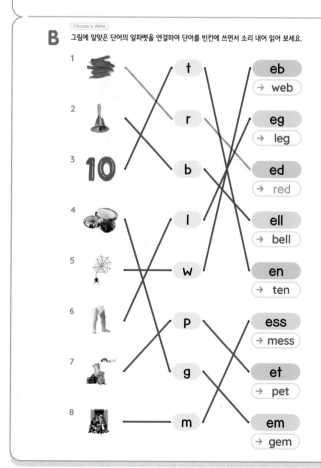

1 t   eb → web
2 r   eg → leg
3 10 b   ed → red
4 l   ell → bell
5 w   en → ten
6 P   ess → mess
7 g   et → pet
8 m   em → gem

Ⓒ (Listen & Choose)
단어를 듣고, 알맞은 단어와 그림을 골라 ○ 표시를 해 보세요.

1 leg (mess)   2 red (web)

3 pet (ten)   4 (bell) gem

D (Choose & Write)
알파벳을 배열하여 그림에 알맞은 단어를 노트에 써 보세요.

1 b / w / e
web

2 t / p / e
pet

3 m / g / e
gem

4 d / r / e
red

124쪽
125쪽

33 단모음 i

그림을 보고 알맞은 알파벳을 찾아 ○ 표시를 한 후 단어를 쓰면서 읽어 보세요.

1 em (eb) — web
2 (ess) ell — mess
3 et (ed) — red
4 en (eg) — leg
5 ess (ell) — bell
6 eg (et) — pet
7 eb (em) — gem
8 (en) ed — ten

단모음 **i**

🔈 단모음 i는 입을 작게 벌린 상태에서 입술을 양쪽으로 벌리며 짧게 [이]에 가까운 소리로 발음해요. 단모음 i의 소리가 나는 단어의 알파벳 구성을 잘 살펴보면서 단어들을 듣고 따라 말해 보세요.

A 단어를 듣고, 소리 내어 두 번씩 따라 말해 보세요.

sit | hip | kid | six
wig | rib | bin | rim

Words
- sit 앉다
- hip 엉덩이
- kid 아이
- six 여섯, 육
- wig 가발
- rib 갈비(뼈)
- bin 쓰레기통
- rim (둥근) 테두리

B (Choose & Write)
그림에 알맞은 단어의 알파벳을 연결하여 단어를 빈칸에 쓰면서 소리 내어 읽어 보세요.

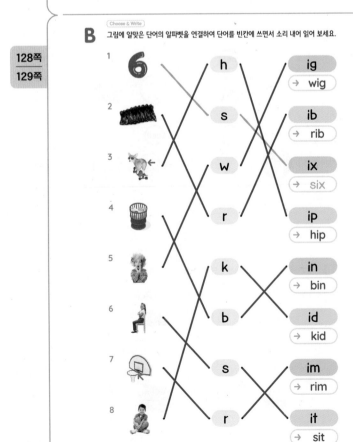

1 — h — ig → wig
2 — s — ib → rib
3 — w — ix → six
4 — r — ip → hip
5 — k — in → bin
6 — b — id → kid
7 — s — im → rim
8 — r — it → sit

C (Listen & Choose)
단어를 듣고, 알맞은 단어와 그림을 골라 ○ 표시를 해 보세요.

1 (six) sit
2 rib (kid)
3 (rim) bin
4 (hip) wig

D (Choose & Write)
알파벳을 배열하여 그림에 알맞은 단어를 노트에 써 보세요.

1 g i w — wig
2 n b i — bin
3 b r i — rib
4 t i s — sit

그림을 보고 알맞은 알파벳을 찾아 ○ 표시를 한 후 단어를 쓰면서 읽어 보세요.

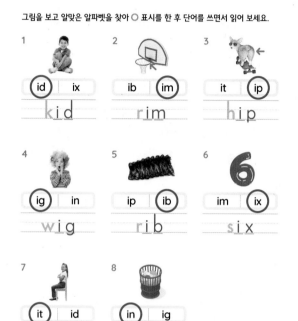

1	2	3
(id) ix	ib (im)	it (ip)
k i d	r i m	h i p

4	5	6
(ig) in	ip (ib)	im (ix)
w i g	r i b	s i x

7	8
(it) id	(in) ig
s i t	b i n

단모음 **O** 단모음 **u**

[어] 단모음 o는 입을 위아래로 크게 벌리면서 [아]에 가까운 소리로 발음해요.

[어] 단모음 u는 입을 가볍게 벌린 상태에서 [어]에 가까운 소리로 발음해요.

130쪽
131쪽

A 단어를 듣고, 소리 내어 두 번씩 따라 말해 보세요.

top	mom	pot	rob
cut	hug	run	rub

Words ▸ top 팽이 ▸ mom 엄마 ▸ pot 냄비 ▸ rob 도둑질하다
▸ cut 자르다 ▸ hug 껴안다 ▸ run 달리다 ▸ rub 문지르다

B Choose & Write
그림에 알맞은 단어의 알파벳을 연결하여 단어를 빈칸에 쓰면서 소리 내어 읽어 보세요.

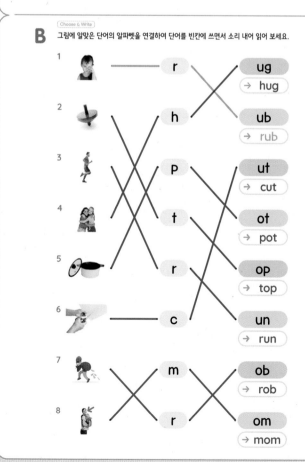

1	r	ug → hug
2	h	ub → rub
3	P	ut → cut
4	t	ot → pot
5	r	op → top
6	c	un → run
7	m	ob → rob
8	r	om → mom

C Listen & Choose
단어를 듣고, 알맞은 단어와 그림을 골라 ○ 표시를 해 보세요.

132쪽
133쪽

1	top (rob)	2	hug (rub)

3	run (pot)	4	(mom) cut

D Choose & Write
알파벳을 배열하여 그림에 알맞은 단어를 노트에 써 보세요.

1	g u h	2	t c u
	hug		cut

3	o p t	4	n r u
	top		run

39

35 Review 31-34

134쪽
135쪽

A 빈칸에 알맞은 알파벳을 보기 에서 골라 그림이 나타내는 단어를 완성해 보세요.

보기

a e i o u

1 t**e**n
2 s**i**t
3 s**a**d
4 k**i**d
5 m**a**p
6 m**o**m
7 c**a**n
8 p**o**t
9 r**u**b
10 h**u**g
11 m**e**ss
12 h**i**p

B 단어를 듣고, 단어에 포함된 모음 소리를 찾아 ○ 표시를 해 보세요.

1 a e **i** o u
2 a **e** i o u
3 a e **i** o u

C 단어를 듣고, 모음 소리가 같은 단어끼리 빈칸에 써 보세요.

1
2
3
4
5 6
6
7
8

a	e	i	o	u
bag	leg	rib	top	run
ram	web	six		

D 그림에 알맞은 단어를 써서 표현을 완성해 보세요.

1 the ⬤ in the ⬤
→ the gem in the lab

2 the ⬤ of the ⬤
→ the rim of the bin

40

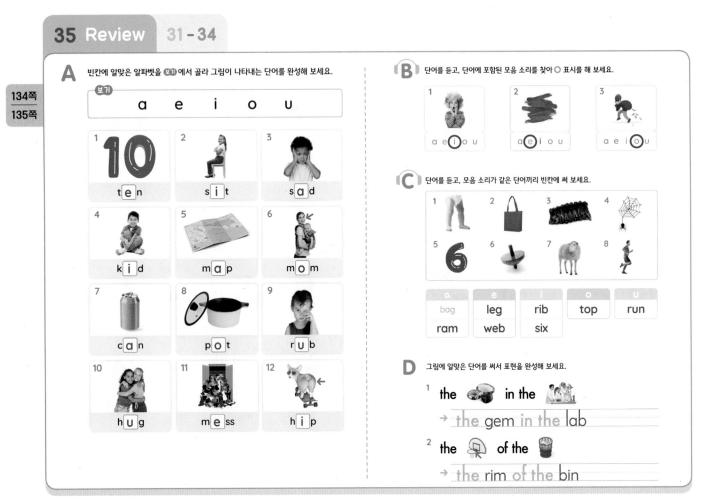

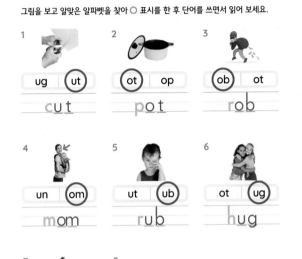

그림을 보고 알맞은 알파벳을 찾아 ○ 표시를 한 후 단어를 쓰면서 읽어 보세요.

1 ug / (ut) c u t

2 (ot) / op p o t

3 (ob) / ot r o b

4 un / (om) m o m

5 ut / (ub) r u b

6 ot / (ug) h u g

7 ub / (un) r u n

8 ob / (op) t o p

장모음 a

알파벳 이름과 비슷하게 긴 소리로 나는 모음을 '장모음'이라고 해요.
〈a+자음+e〉 형태의 단어에서 a는 [에이–]에 가까운 소리로 길게 발음하고 e는 발음하지 않아요.

136쪽 137쪽

A 단어를 듣고, 소리 내어 두 번씩 따라 말해 보세요.

page tape cake face

cane maze vase mate

Words ▸ page 페이지, 쪽 ▸ tape 테이프 ▸ cake 케이크 ▸ face 얼굴
▸ cane 지팡이 ▸ maze 미로 ▸ vase 꽃병 ▸ mate 친구

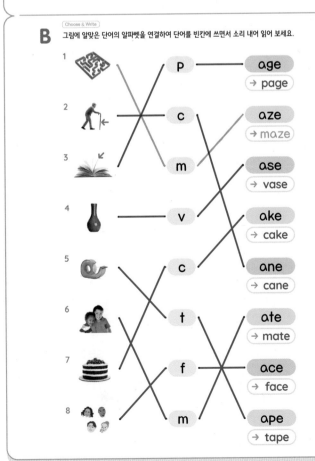

B (Choose & Write) 그림에 알맞은 단어의 알파벳을 연결하여 단어를 빈칸에 쓰면서 소리 내어 읽어 보세요.

1 P — age → page
2 c — aze → maze
3 m — ase → vase
4 v — ake → cake
5 c — ane → cane
6 t — ate → mate
7 f — ace → face
8 m — ape → tape

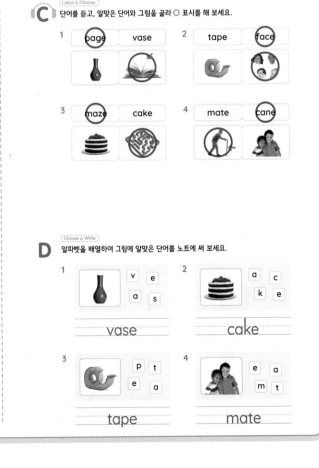

C (Listen & Choose) 단어를 듣고, 알맞은 단어와 그림을 골라 ○ 표시를 해 보세요.

1 (page) / vase
2 tape / (face)
3 (maze) / cake
4 mate / (cane)

D (Choose & Write) 알파벳을 배열하여 그림에 알맞은 단어를 노트에 써 보세요.

1 v e / a s vase
2 a c / k e cake
3 p t / e a tape
4 e a / m t mate

138쪽 139쪽

41

37 장모음 e

그림을 보고 알맞은 알파벳을 찾아 ○ 표시를 한 후 단어를 쓰면서 읽어 보세요.

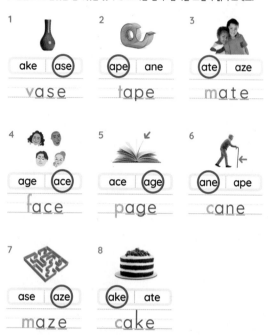

1 ake (ase) · vase

2 (ape) ane · tape

3 (ate) aze · mate

4 age (ace) · face

5 ace (age) · page

6 (ane) ape · cane

7 ase (aze) · maze

8 (ake) ate · cake

장모음 e

e가 연달아 쓰인 ee 형태의 모음은 [이-]에 가까운 소리로 길게 발음해요. 입술을 양옆으로 당기면서 소리를 내 보세요. we 또는 eve처럼 e가 한 번 쓰이지만 [이-] 하고 길게 발음하는 경우도 있어요.

A 단어를 듣고, 소리 내어 두 번씩 따라 말해 보세요.

bee | three | green | heel

seed | cheek | creep | beef

Words
> bee 벌
> seed 씨앗
> three 셋, 삼
> cheek 뺨, 볼
> green 녹색
> creep 기다
> heel 발뒤꿈치
> beef 소고기

B (Choose & Write) 그림에 알맞은 단어의 알파벳을 연결하여 단어를 빈칸에 쓰면서 소리 내어 읽어 보세요.

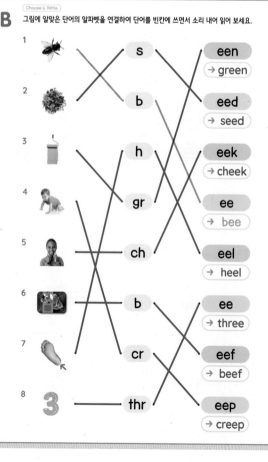

1 → s / een → green
2 → b / eed → seed
3 → h / eek → cheek
4 → gr / ee → bee
5 → ch / eel → heel
6 → b / ee → three
7 → cr / eef → beef
8 → thr / eep → creep

C (Listen & Choose) 단어를 듣고, 알맞은 단어와 그림을 골라 ○ 표시를 해 보세요.

1 seed (beef)
2 green (creep)
3 (three) bee
4 (cheek) heel

D (Choose & Write) 알파벳을 배열하여 그림에 알맞은 단어를 노트에 써 보세요.

1 g n e / e r → green
2 e s / d e → seed
3 e l / h e → heel
4 e e / b → bee

그림을 보고 알맞은 알파벳을 찾아 ○ 표시를 한 후 단어를 쓰면서 읽어 보세요.

1 (eep) eed
creep

2 een (eek)
cheek

3 eef (eel)
heel

4 (een) eep
green

5 ea (ee)
three

6 (ee) ea
bee

7 eek (eed)
seed

8 (eef) eel
beef

장모음 **i**

〈i+자음+e〉 형태의 단어에서 i는 [아이-]에 가까운 소리로 길게 발음하고 e는 발음하지 않아요.

144쪽 145쪽

A 단어를 듣고, 소리 내어 두 번씩 따라 말해 보세요.

bike | kite | hide | line

dive | rice | tire | pipe

Words
> bike 자전거 > kite 연 > hide 숨다 > line 선
> dive 다이빙하다 > rice 쌀, 밥 > tire 타이어 > pipe 파이프

B (Choose & Write) 그림에 알맞은 단어의 알파벳을 연결하여 단어를 빈칸에 쓰면서 소리 내어 읽어 보세요.

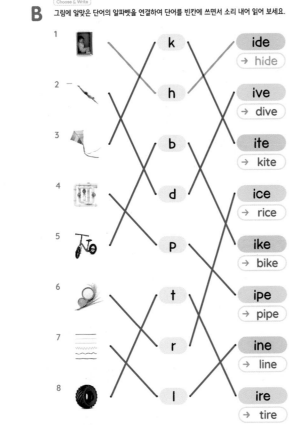

1 k   ide → hide
2 h   ive → dive
3 b   ite → kite
4 d   ice → rice
5 p   ike → bike
6 t   ipe → pipe
7 r   ine → line
8 l   ire → tire

C (Listen & Choose) 단어를 듣고, 알맞은 단어와 그림을 골라 ○ 표시를 해 보세요.

146쪽 147쪽

1 pipe (rice)
2 (dive) bike
3 (tire) line
4 kite (hide)

D (Choose & Write) 알파벳을 배열하여 그림에 알맞은 단어를 노트에 써 보세요.

1 e t i k
kite

2 n i l e
line

3 p e i p
pipe

4 e b k i
bike

39 장모음 o, u

그림을 보고 알맞은 알파벳을 찾아 ◯ 표시를 한 후 단어를 쓰면서 읽어 보세요.

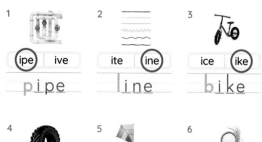

1 (ipe) ive → **pipe**

2 ite (ine) → **line**

3 ice (ike) → **bike**

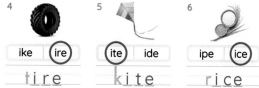
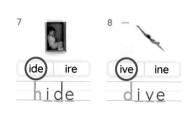

4 ike (ire) → **tire**

5 (ite) ide → **kite**

6 ipe (ice) → **rice**

7 (ide) ire → **hide**

8 (ive) ine → **dive**

장모음 O 장모음 U

〈o+자음+e〉 형태의 단어에서 o는 [오우-]에 가까운 소리로 길게 발음해요.

〈u+자음+e〉 형태의 단어에서 u는 [유-]에 가까운 소리로 길게 발음해요.

A 단어를 듣고, 소리 내어 두 번씩 따라 말해 보세요.

cone · hose · rope · code
tube · mule · huge · dune

Words
> cone 콘, 원뿔 > hose 호스 > rope 밧줄 > code 코드, 부호
> tube 튜브 > mule 노새 > huge 거대한 > dune 모래 언덕

B <u>Choose & Write</u> 그림에 알맞은 단어의 알파벳을 연결하여 단어를 빈칸에 쓰면서 소리 내어 읽어 보세요.

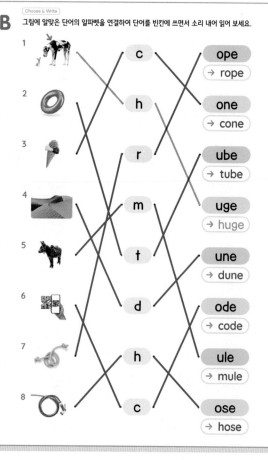

c / h / r / m / t / d / h / c

ope → rope
one → cone
ube → tube
uge → huge
une → dune
ode → code
ule → mule
ose → hose

C <u>Listen & Choose</u> 단어를 듣고, 알맞은 단어와 그림을 골라 ◯ 표시를 해 보세요.

1 (huge) hose

2 cone (code)

3 rope (dune)

4 (mule) tube

D <u>Choose & Write</u> 알파벳을 배열하여 그림에 알맞은 단어를 노트에 써 보세요.

1 e o p r → **rope**

2 h e s o → **hose**

3 o n c e → **cone**

4 b t e u → **tube**

A 빈칸에 알맞은 알파벳을 보기 에서 골라 그림이 나타내는 단어를 완성해 보세요.

보기
a e i o u

1 r[o]pe
2 s[e]ed
3 t[i]re
4 r[i]ce
5 v[a]se
6 h[o]se
7 t[u]be
8 c[a]ke
9 b[e]e
10 h[e]el
11 h[u]ge
12 k[i]te

B 단어를 듣고, 단어에 포함된 모음 소리를 찾아 ◯ 표시를 해 보세요.

1 a (e) i o u
2 a (e) i o u
3 (a) e i o u

152쪽
153쪽

C 단어를 듣고, 모음 소리가 같은 단어끼리 빈칸에 써 보세요.

a	e	i	o	u
tape	creep	pipe	cone	mule
cane		line	code	

D 그림에 알맞은 단어를 써서 표현을 완성해 보세요.

1 in the
→ hide in the maze

2 into the
→ dive into the dune

정답

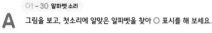

154쪽
155쪽

A 01 - 30 알파벳 소리

그림을 보고, 첫소리에 알맞은 알파벳을 찾아 ○ 표시를 해 보세요.

#	보기
1	c **ⓑ** e
2	l k **ⓓ**
3	**ⓟ** y c
4	y l **ⓙ**
5	**ⓒ** t x
6	**ⓡ** z a
7	o s **ⓜ**
8	**ⓦ** c a
9	b **ⓔ** a
10	h f **ⓓ**
11	u k **ⓛ**
12	**ⓩ** u a
13	**ⓣ** m b
14	b **ⓕ** t
15	x **ⓝ** a

#	보기
16	d b **ⓒ**
17	**ⓞ** e i
18	e **ⓚ** s
19	o **ⓥ** c
20	j **ⓖ** a
21	**ⓙ** b k
22	p **ⓔ** c
23	**ⓠ** j r
24	p u **ⓑ**
25	o q **ⓗ**
26	n **ⓖ** u
27	**ⓛ** k m
28	q **ⓕ** m
29	**ⓢ** u r
30	p **ⓐ** b

156쪽
157쪽

B 31 - 40 모음

그림을 보고, 알맞은 단어를 찾아 ○ 표시를 한 후 단어를 소리 내어 읽어 보세요.

#	보기
1	map car **(bat)** page
2	**(tape)** dance jar cane
3	**(rib)** sit kite bin
4	bird **(bike)** tiger kick
5	leg seed gem **(ten)**
6	dog top code **(hose)**
7	cat sad **(cake)** maze
8	rope **(pot)** mom cookie
9	goose **(cone)** food rob
10	**(three)** cheek green bell

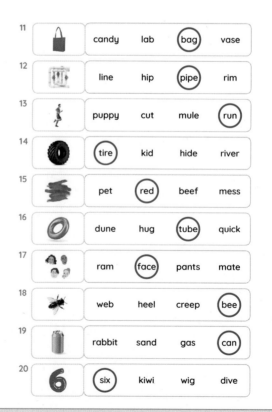

#	보기
11	candy lab **(bag)** vase
12	line hip **(pipe)** rim
13	puppy cut mule **(run)**
14	**(tire)** kid hide river
15	pet **(red)** beef mess
16	dune hug **(tube)** quick
17	ram **(face)** pants mate
18	web heel creep **(bee)**
19	rabbit sand gas **(can)**
20	**(six)** kiwi wig dive

46

O1 - 40 총정리

C 그림을 보고, 단어와 문장을 완성해 보세요.

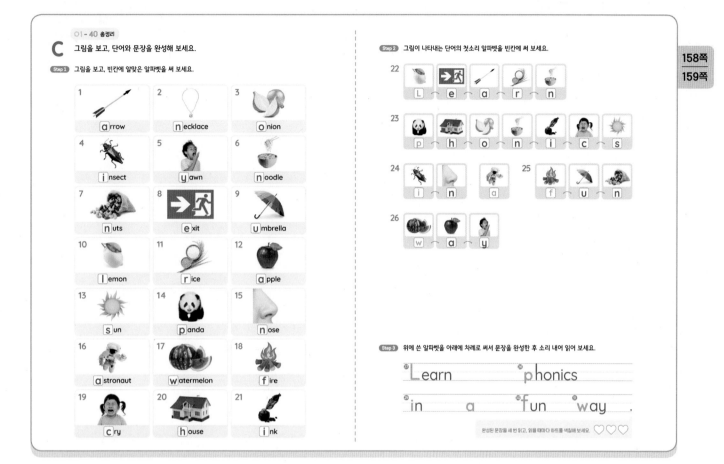

Step 1 그림을 보고, 빈칸에 알맞은 알파벳을 써 보세요.

1 **a**rrow
2 **n**ecklace
3 **o**nion
4 **i**nsect
5 **y**awn
6 **n**oodle
7 **n**uts
8 **e**xit
9 **u**mbrella
10 **l**emon
11 **r**ice
12 **a**pple
13 **s**un
14 **p**anda
15 **n**ose
16 **a**stronaut
17 **w**atermelon
18 **f**ire
19 **c**ry
20 **h**ouse
21 **i**nk

Step 2 그림이 나타내는 단어의 첫소리 알파벳을 빈칸에 써 보세요.

22 L - **e** - **a** - **r** - **n**
23 **p** - **h** - **o** - **n** - **i** - **c** - **s**
24 **i** - **n** - **a**
25 **f** - **u** - **n**
26 **w** - **a** - **y**

Step 3 위에 쓴 알파벳을 아래에 차례로 써서 문장을 완성한 후 소리 내어 읽어 보세요.

Learn phonics in a fun way.

완성된 문장을 세 번 읽고, 읽을 때마다 하트를 색칠해 보세요. ♡ ♡ ♡

47

memo